Ravensburger Taschenbücher
diskussion 8

Lehmann,
Religion ungenügend

diskussion Herausgeber:
Irmela Brender
Frederik Hetmann

Grafische Gestaltung:
Günther Stiller

Johannes Lehmann

Religion ungenügend

Ein feste Burg mit Rissen

Realisationen von Günther Stiller

Otto Maier Verlag Ravensburg

Die Herausgeber fordern auf, Kritik, Diskussionsbeiträge und neue Themenvorschläge zu dieser Reihe an die Jugendbuchredaktion im Otto Maier Verlag Ravensburg zu schicken.

Originalausgabe

Erste Auflage in den Ravensburger Taschenbüchern

Abbildungen: Seite 31 Aubrey Beardsley;
Seite 26, 35, 52, 54, 66, 83, 87, 91, 94, 96, 99, 103 dpa;
Seite 7, 33, 47, 57, 89, 107 Albrecht Dürer;
Seite 11, 18, 24, 39, 73, 83 KNA;
Seite 22, 42, 71, 74, 77 Russische Buchmalerei;
Umschlaggestaltung und Seite 2, 43, 109 Günther Stiller.

Gesamtherstellung: Verlag und Druckerei G. J. Manz AG, Dillingen
Printed in Germany 1974
ISBN 3 473 39758 X

Religion ungenügend

Umfragen haben bewiesen, was mancher von uns schon selbst gedacht hat: Das Fach Religion ist weltfremd, überflüssig und vor allem langweilig.
Auf der anderen Seite: Ohne Christentum gäbe es keine europäische Kultur. Über Jahrtausende hin hat das Christentum das Denken und Handeln von Menschen und Völkern im täglichen Leben bestimmt.
Heute ist das nicht mehr so: Kaum fünf Prozent der Leute gehen noch regelmäßig zur Kirche, und selbst von denen glauben längst nicht mehr alle, daß Jesus von einer Jungfrau geboren wurde, daß er wirklich von den Toten auferstand und daß er gen Himmel fuhr. Auch viele Pfarrer glauben das nicht mehr.
Irgend etwas muß in der Zwischenzeit mit dem Christentum und dem Glauben schief gegangen sein. Aber was?
Dafür gibt es verschiedene Erklärungen.
Die Kirchen schieben die Schuld gern auf die falsche Einstellung der Menschen, auf den Materialismus, auf die Wissenschaft, auf das Wohlstandsdenken. Da gibt es eine lange Liste.
Die Leute wiederum geben die Schuld der Kirche: Sie verlangt, daß man Dinge glaubt, die man als vernünftiger Mensch nicht glauben kann, sie wendet sich mit ihrem ewigen Gerede vom Sterben eigentlich nur an ältere Leute; die Kirche versteht die wirklichen Sorgen der Leute von heute nicht, sie redet an einem vorbei und ist langweilig.
Ich schlage vor, daß wir uns die Sache mal näher ansehen. Und zwar so, wie man sich eine alte Burg ansieht und erklären läßt: neugierig auf Falltüren und verborgene Verliese und ganz ohne feierliche Gefühle.

Anfrage an den Religionslehrer

Sehr geehrter Herr,

Sie unterrichten mit mindestens zwei Wochenstunden das Fach »Religion«, und wenn ich Sie jetzt frage, ob Sie Mitglied einer christlichen Kirche sind, halten Sie meine Frage für Ruhestörung. Selbstverständlich sind Sie Protestant oder Katholik, sonst dürften Sie gar nicht Religion unterrichten. Geschenkt.

Aber warum zum Beispiel darf kein Mohammedaner Religionsunterricht erteilen, oder ein Buddhist? Sie vertreten ja auch Religionen. Wo steht geschrieben, daß »Religionsunterricht« nichts anderes heißt als »christliche Unterweisung«?

Was wäre das für ein Fach »Musik«, in dem jahrelang nur und ausschließlich von Beethoven die Rede wäre, als wenn Musik nicht auch Bach, Hindemith und Jazz bedeutete?

Was würden Sie dazu sagen, wenn in Mathematik nur Malnehmen und Teilen geübt würde, während Abziehen und Dazuzählen nur mal so nebenbei erwähnt würde?

Wieso kommen im Fach Religion immer nur die Herren Matthäus, Markus, Lukas und Johannes vor, wieso spielt Religion immer nur am See Genezareth oder in Jerusalem?

Wer gibt Ihnen das Recht, so einseitig zu sein?

Wie viele göttliche Wahrheiten gibt es?

Um das klar zu kriegen: Das Christentum ist eine Religion, aber es ist nicht die einzige. Es gibt viele Religionen: den Buddhismus, den Hinduismus, den Shintoismus, den Islam, und wer weiß was noch.

Die einen sind früher entstanden, die anderen später, die einen sind primitiver, die anderen anspruchsvoll und hochentwickelt; manche haben einen Gründer oder, wie man bei Religionen sagt, einen »Stifter«: zum Beispiel ist Mohammed der Stifter des Islam. Manche Religionen haben sich allmählich entwickelt, ohne daß wir einen Gründer kennen. Beispiel: der indische Hinduismus.

Manche primitive Religionen in Afrika oder Australien verehren Gegenstände, während das Judentum nicht einmal ein Bild Gottes darstellen darf (»du sollst dir kein Bildnis machen . . .«).

Manche Religionen haben nicht einmal einen Gott (wie der ursprüngliche Buddhismus); andere, wie die Juden, haben einen unsichtbaren Gott, die Griechen der Antike hatten ganze Götterfamilien mit Zeus, der Göttermutter Hera und Verwandtschaft; wieder andere Religionen haben sozusagen zwei »Hauptmacher«: einen guten Gott und einen bösen, den Teufel.

Es ist also gar nicht so einfach festzustellen, woran man eine Religion erkennt. Jede Religion sieht anders aus. Sicher: jede Religion hat etwas mit Frommsein zu tun, mit Glauben.

Aber da geht die Schwierigkeit schon wieder los: Wie viele Glauben gibt es, obwohl es das Wort »Glauben« nur in der Einzahl gibt?

Kann ich an die christliche Lehre glauben und gleichzeitig an Allah und Buddha? Und wenn ich das nicht kann – was ist denn dann der »richtige« Glaube? Woher weiß ich denn, daß der christliche Glaube der einzig richtige ist?

Am einfachsten ist es in einer solchen Situation, die Frage überhaupt nicht zu beantworten: Ich weiß es nicht, sage ich dann und interessiere mich nicht mehr dafür. Das ist zwar besser als der Krampf, etwas glauben zu wollen, was mir gar nicht einleuchtet. Aber überzeugend ist es auch nicht, einfach das Licht auszumachen und zu meinen, nun ist die Spinne aus dem Zimmer.
Nun wäre es ja schön, wenn wenigstens der christliche Glaube einheitlich wäre. Aber es gibt verschiedene Kirchen, Glaubensgemeinschaften, Sekten, Richtungen und Grüppchen, die alle behaupten, sie hätten die Wahrheit. Sie haben zwar alle das gleiche Glaubensbekenntnis, die gleiche Bibel und die gleiche Lehre von Tod und Auferstehung Christi – aber jeder betont etwas anderes, so daß am Ende völlig verschiedene Gemeinschaften entstehen, die sich gar noch bekämpfen.
Selbst wenn wir meinen, das Christentum sei unter allen Religionen die einzig richtige: Wer sagt mir nun, ob da wieder die Katholiken oder die Lutheraner oder die Calvinisten oder wer sonst noch (die Zeugen Jehovas vielleicht?) mehr recht haben als die anderen? Jede Kirche behauptet von sich, sie habe mehr recht als die andere, aber wo sind die Beweise?

Fest steht:

Der eine ist katholisch, weil seine Eltern katholisch sind.
Der andere ist evangelisch, weil seine Eltern evangelisch sind.

97% aller Bundesbürger sind Mitglied einer Kirche.

daß Jesus gelebt hat, glauben aber nur	96%
daß Jesus Tote auferweckt hat	53%
daß Jesus auf dem See ging	51%
daß es ein Leben nach dem Tode gibt	48%
daß Jesus leiblich auferstanden ist	39%
daß Jesus Gottes Sohn war (also Josef nicht sein leiblicher Vater)	36%
daß es eine Hölle gibt	34%
daß es einmal im Himmel einen Ausgleich für ein armes Leben auf der Erde gibt	28%

Von hundert »Christen« beten nur 27 täglich, und nur 25 gehen mehr oder weniger regelmäßig zur Kirche.
Selbst von den Katholiken, die regelmäßig einmal im Monat zur Messe gehen, glauben nur 39%, daß es ein Weiterleben nach dem Tode, also eine Auferstehung gibt, die sie im Glaubensbekenntnis bejahen.
Nimmt man die strenggläubigen Katholiken, so sind es immerhin noch 19 von hundert, die nicht an ein Weiterleben nach dem Tode glauben.

(Quellen: Emnid-Umfrage 68 — »Was glauben die Deutschen«, herausgegeben von Werner Harenberg. Verlag Chr. Kaiser. 1968.)

Warum gibt es überhaupt Religion?

Tatsache ist: es gibt kein Land und kein Volk ohne Religion. Seit es Menschen gibt, gibt es Religion: Opferstätten, Kultbauten, Tempel, Altäre, Grabmäler und Götterstatuen aus vielen Jahrtausenden bezeugen es.
Archäologen, Psychologen und Soziologen können genaue Gliederungen über die verschiedenen Religionen und ihre Entwicklung aufstellen. Aber all das erklärt noch nicht, warum es überall und zu jeder Zeit Religion gegeben hat und noch gibt.
Ist Religion angeboren? Ist Religion ein Bedürfnis, ein Trieb wie Hunger, der gestillt werden will? Oder lernt man Religion, erwirbt man sie durch Erlebnisse oder Erfahrungen?
Sehen wir uns einmal an, aus welchen Gründen Religionen entstehen.

1. Möglichkeit

Religionen entstehen aus Angst

Wir können heute ein Gewitter erklären und uns durch Blitzableiter schützen. Aber unsere Vorfahren hatten vor diesem Naturereignis Angst. Sie verstanden nichts von Physik und machten deshalb aus einem Naturereignis ein Lebewesen, einen Gott: Das Gewitter war eine Macht, die stärker war als der Mensch. Bei den alten Germanen hieß dieser unbesiegbare Mann, der in einen Wagen am Himmel entlang fuhr und mit einem riesigen Hammer auf die Wolken schlug und im Zorn Blitze schleuderte, Donar. Heute erkennen wir in diesem wichtigsten germanischen Gott einen Gewittergott. Aus Donar wurde allmählich Donner, und ihm zu Ehren haben wir noch heute den Donarstag, den Donnerstag im Kalender.
Und was den Germanen ihr Donar war, war den Griechen der blitzeschleudernde Zeus. Die Namen wechseln, die Ursache bleibt die gleiche. Wo man sich einem Naturereignis

ausgeliefert fühlt, vermutet man ein erzürntes Lebewesen dahinter und tut alles, um diesen Zorn zu besänftigen.

2. Möglichkeit

Religionen entstehen aus Ehrfurcht

Es gibt für viele einfache Menschen Naturereignisse, die statt Angst Verwunderung einflößen. Die Wiederkehr der Jahreszeiten, die lebenserrettenden Regenzeiten oder Überschwemmungen (am Nil zum Beispiel), das ständige Wachsen und Vergehen des Mondes – das alles war unseren Vorfahren nicht anders vorstellbar, als daß höhere Wesen dahintersteckten. So gab es Flußgötter (die heute noch im Kasperletheater als Wassermänner weiterleben), Baumgötter (Nymphen) und viele Gottheiten, die als persongewordene Gegenstände gedacht wurden.
An die Stelle der Naturgesetze traten unsichtbare Wesen, die alles beherrschten.
Und wieviel Unerklärliches gab es früher für den Menschen – denken wir nur an den Regenbogen. Im alten Testament wird dieses, heute leicht erklärbare Phänomen ausdrücklich als Zeichen Gottes genannt, als sich Jahwe nach der Sintflut wieder mit den Menschen versöhnt.
Religion, die aus Angst oder Ehrfurcht vor Naturphänomen entstehen, nennt man Naturreligionen oder in besonderen Formen auch »Animismus«. Das Wort kommt vom lateinischen anima, die Seele, und bedeutet, daß man unbelebte Naturvorgänge »belebt«, »beseelt«, also von Wesen ausgeführt denkt.

3. Möglichkeit

Religion entsteht aus Sexualität

Das klingt sehr modern, ist aber eine uralte Sache. Ganz gleich, wo Archäologen graben, immer finden sie bei alten Völkern und untergegangenen Kulturen sogenannte Fruchtbarkeitssymbole. Das sind entweder Frauengestalten aus Lehm oder Stein mit übergroßen Geschlechtsmerkmalen, die man dann in der Kunstgeschichte ein bißchen ironisch nach ihrem Fundort »Venus von ...« nennt, oder ist die symbolische Nachbildung eines männlichen Geschlechtsgliedes (nach dem lateinischen Wort dafür »Phalluskult« genannt). Ich habe einmal auf der Insel Kreta, nicht weit vom berühmten Labyrinth des Minotaurus, die Höhle der Eleithya mit Kerzenlicht und Taschenlampe durchforscht, begleitet von einem streunenden Hund und meinen Kindern. Die Höhle war ein uraltes, jahrtausendealtes Heiligtum des Fruchtbarkeitskultes, in dem kinderlose Frauen um Nachkommenschaft beteten. In der Mitte der Höhle, noch heute von einem gemauerten Steingeviert umrahmt, stand das heilige Zeichen: ein riesiger Tropfstein, der vom Boden in die Höhe wuchs – ein Symbol des Phallus.

Nun läßt es sich vorstellen, daß man aus Angst vor einem Gewitter oder einem Erdbeben zu einem Glauben an übermächtige Lebewesen und Götter kommt, die man durch bestimmte Opfer vom Blitzeschleudern oder Erderschüttern abhalten kann. Aber daß man den Geschlechtsverkehr zu einem göttlichen Ereignis macht, erscheint uns heute vielleicht merkwürdig. Dazu muß man dreierlei bedenken:

Einmal gab es vor Tausenden von Jahren viel weniger Menschen auf der Welt. Damals brauchte niemand zu befürchten, wegen einer Bevölkerungslawine zugrunde zu gehen und zu verhungern. Im Gegenteil: nur der Stamm, der viele Nachkommen hatte, konnte überleben im Kampf gegen die Natur, die Krankheiten und gegen die Feinde. Fruchtbarkeit, d. h. Kinderreichtum bedeutete soviel wie Überleben (heute heißt Überleben im Gegenteil, daß man die Kinderzahl verringert).

Zum zweiten: natürlich kannte man auch früher schon den Zusammenhang zwischen Geschlechtsverkehr und der Tatsache, daß neun Monate später ein Kind geboren wird, ohne das näher erklären zu können. Wir wissen heute mehr – aber im Grunde bleibt es doch etwas Wunderbares, daß zwei sterbliche Wesen imstande sind, wie Gott Leben zu schaffen und in der Erhaltung der Art sogar so etwas wie Unsterblichkeit zu haben. Im Geschlechtlichen wiederholt sich die Schöpfung, die man dem Gott zuschrieb und an der man nun selbst teilhatte. In Griechenland gab es daher die sogenannten Tempelhetären: das waren Frauen, die im Tempel (sozusagen in der Kirche) aus Ehrfurcht vor den Göttern mit Männern Geschlechtsverkehr hatten, weil das als etwas Heiliges galt: In der Nachahmung der göttlichen Schöpfung hatte man selbst Teil am Gott.

Schließlich berichten viele Mythen (das sind uralte Überlieferungen und Geschichten), daß auch die Welt eine Schöpfung eines Mannes und einer Frau war. Das geht bis auf die Bibel zurück. Adam und Eva waren die ersten Menschen, die Kinder hatten. Wir verstehen Adam und Eva als Eigennamen, so als hätten die ersten Menschen auch Michael und Annette heißen können. Doch im Hebräischen heißt »Adam« nichts weiter als »Mensch«, »Mann«, und »Eva« heißt »die Gebärende«. Ein Mann und eine Gebärende also, nichts anderes, stehen am Anfang der Bibel.

Zum dritten: die Notwendigkeit, Kinder zu haben, um überleben zu können, und der Gedanke, wie Gott selbst Leben zu schaffen, stachelt das Ehrgefühl an: Ein Ehepaar, das keine Kinder hatte, mußte in den Ruf geraten, von Gott benachteiligt zu sein. Von daher kommt die Idee des »Kindersegens« (seid fruchtbar und mehret euch ...) und die Schande, ohne Nachkommen zu sterben. Die Fähigkeit, Kinder zu zeugen, wurde zum Zeichen göttlicher Gnade.

Das erklärt, daß man früher viel unverklemmter über das Sexuelle sprach und es auch darstellte: Es war ja ein göttliches Geschehen. (In Indien gibt es Tempel, die nichts anderes zeigen als Mann und Frau im Geschlechtsverkehr.)

Das Christentum hat diesen Gedanken unterdrückt, aber es hat ihn nicht auslöschen können.

4. Möglichkeit

Religionen entstehen aus dem Wunsch nach Unsterblichkeit

Jeder Mensch macht sich irgendwann einmal Gedanken über das Woher und Wohin. Das Woher läßt sich erklären: Man ist erst einmal da, man wächst auf und lebt. Und eines Tages kommt – vor allem bei älteren Leuten – der Gedanke: Was ist nun, wenn ich sterbe? Ist da alles aus, worum ich mich ein Leben lang bemüht habe, ist da einfach Schluß, Erde zu Erde, Staub zu Staub, Ruhe in Frieden?

Aus dieser Frage nach dem »Danach« sind zwei Arten von Religion entstanden.

Die eine sagt: Ein Leben ist zuwenig. Du kannst in einem Leben nur das sozusagen »Menschenmögliche« erreichen, aber du sollst eine Chance haben, das Angefangene auch zu beenden. Du wirst wiedergeboren, um weiterzukommen. Das ist der Buddhismus. (Die Schwierigkeit dabei ist, daß man ja keine Erinnerung an das vorige Leben hat und je nach seinem Erfolg als höheres oder niederes Lebewesen wiedergeboren wird.)

Die andere Religion sagt: Jeder hat nur ein Leben, danach ist Schluß mit dieser Erde. Aber du lebst in einer anderen Welt weiter, im Totenreich. Und da es ein weiter Weg ist bis ins Totenreich, gab man den Toten Lebensmittel mit ins Grab. Man tat auch alles, um den Körper des Toten selbst zu erhalten: Man mumifizierte ihn (Beispiel: die Ägypter).

Das Christentum hat diese zweite Version aufgegriffen (obwohl das alte Testament im allgemeinen kein Weiterleben nach dem Tode kennt; man kann also fragen, ob der Jude Jesus seine eigene Auferstehung überhaupt für möglich gehalten hätte).

Soweit die Motive, die zu den verschiedenen Formen von Religion führen. (Genaugenommen ist alles noch ein bißchen komplizierter. Oft stecken mehrere Motive in ein und

derselben Religion. Zum Beispiel war der Donnergott Donar auch für die Fruchtbarkeit zuständig.)
Aber was ist nun das Ergebnis? Die vier Möglichkeiten scheinen in vier ganz verschiedene Richtungen zu zeigen. Trotzdem haben sie eine gemeinsame Wurzel:

Erstens: Jedesmal wurde ein Gefühl aktiviert: Angst, Ehrfurcht, Liebe.

Zweitens: Diese Gefühle wurden ausgelöst durch Ereignisse, denen der Mensch mehr oder weniger ausgeliefert ist, von denen er abhängt (hier muß man beim Fruchtbarkeitskult auch daran denken, daß die ganze Natur diesen Prozeß ständig wiederholt, und daß der Mensch vom Ergebnis einer Ernte ebenso abhängig ist wie von einer Viehseuche).

Drittens: Diese Ereignisse waren dem Menschen von damals unerklärlich. Aber weil der Mensch immer gern wissen möchte, warum etwas so ist, wie es ist, suchte er nach einer Erklärung. Er fand sie in dem Glauben, daß höhere Wesen dafür verantwortlich waren. Für das Gewitter und seine Schäden war eben Donar verantwortlich, der Mann mit dem großen Bart und dem schweren Hammer.

Viertens: Wenn aber jemand verantwortlich ist, dann kann man diesen jemand auch um etwas bitten: den Fruchtbarkeitsgott um Kindersegen, den Erntegott um Regen, den Donnergott, daß er seine Blitze woanders hin schleudert nach dem schönen Spruch: »Oh heiliger St. Florian, behüt mein Haus, zünd andre an.«

Und weil Geschenke bekanntlich die Freundschaft erhalten, schenkt der Mensch dem Gott etwas: Er opfert, um den Gott gut zu stimmen und zu beeinflussen.
Genau in diesem Moment fängt Religion an. Angst vor dem Gewitter ist noch keine Religion, das ist nur Angst.

Aber der Gedanke, daß eine höhere Macht das Gewitter verursacht, und daß man versucht und daß man versuchen kann, diese Macht zu beeinflussen durch Gebete und Opfer – das ist der Beginn einer jeden Religion. Kein Mensch möchte nur ausgeliefert sein. Jeder möchte sein Schicksal beeinflussen können und zum Guten wenden. Darum gibt es bei allen Völkern und Menschen Religion.

Religion ist

»... das Gefühl schlechthinniger Abhängigkeit«

Schleiermacher

»... Opium des Volkes«

Karl Marx

»... das Ergriffenwerden von der Wirklichkeit des Heiligen«

Brockhaus

»... die Erkenntnis unserer Pflichten als göttliche Gebote«

Kant

»... die auf fantastisch verkehrte Widerspiegelung der Wirklichkeit beruhende unbeweisbare Überzeugung von der Existenz übernatürlicher, immaterieller Wesenheiten und Kräfte, die in das Naturgeschehen, das gesellschaftliche Leben und das individuelle Schicksal des Menschen eingreifen«

marxistisch-leninistisches Wörterbuch der Philosophie

»Eine völlig exakte und zugleich alles einschließende Religionsdefinition ist nicht möglich ...«

Feuerbach

»... Projektion menschlicher Wünsche an den Himmel«

Lexikon für Theologie und Kirche

Warum Religionen auch wieder sterben können

Glauben ist das Fürwahrhalten einer nicht beweisbaren Sache.

Nun haben alle Religionen mit Glauben zu tun. Ich glaube, daß Gott mich von der Sünde erlöst hat: Beweisen kann ich es nicht.
Ich glaube, daß es ein Weiterleben nach dem Tode gibt: Beweisen kann ich es nicht.
Ich glaube, daß es einen Gott gibt: Beweisen kann ich es nicht.

Der Glaube fängt also dort an, wo das tatsächliche Wissen (und Beweisenkönnen) aufhört.

Das hat seine Auswirkung auf die Religion. Früher, als die Menschen keine Ahnung von Naturgesetzen und den notwendigen Zusammenhängen hatten, konnten sie glauben, daß Donar mit dem Hammer rumpelt und Blitze aus dem großen Sack schleudert. Wir heute wissen, daß ein Gewitter durch Reibungselektrizität zustande kommt, und Donar wird zu einer Märchenfigur wie das Sandmännchen.
Früher konnte man glauben, daß eine drohende Mißernte sich durch bestimmte Zauberformeln und durch Opfer abwenden läßt. Wir heute wissen, daß man gegen eine Großwetterlage nichts machen kann.
Mit anderen Worten: Religionen entstanden, weil sich die Menschen das Unerklärliche erklären wollten. Inzwischen hat die Wissenschaft vieles angebliche Unerklärliche erklärt. Die Folge ist, daß man nun aber auch beweisen kann, daß mancher Glaube reiner Unsinn ist.

Folge: Je mehr Zusammenhänge man erforscht und ken-

nenlernt, desto kleiner wird das Gebiet, das man glauben muß.

Wissen ist der Feind des Glaubens

Ein Kind glaubt noch an den Weihnachtsmann. Wenn es größer wird und die wahren Zusammenhänge erfährt, ist dieser Glaube futsch.
Die Frage ist also: Sind Religionen sozusagen der Kinderglaube der Menschheit, der später, wenn die Menschen größer und klüger werden, von allein verschwindet?
Ganz grob gesagt: *Glauben also nur die Dummen?*
Ich wäre mit einer Antwort jetzt noch vorsichtig. Es ist klar, daß primitive Religionen und mancher Wunderglaube ruiniert sind. Aber wie steht es mit dem Christentum?
Seit rund zweihundert Jahren rennen Wissenschaft und Aufklärung gegen die Kirche an. Sind nun all die Bischöfe, Prälaten und Päpste Dummköpfe, die noch nie davon gehört haben, daß eine Auferstehung von den Toten gegen feste Naturgesetze verstößt? Sind das bornierte Leute, die Dinge nicht wahrhaben wollen, die jeder andere einsieht? Sind es vielleicht gar Heuchler, die selbst nicht daran glauben, aber das nicht so laut sagen?

Glauben heißt:

»Mein Gott, mein, Gott, warum hast du mich verlassen?
Ich schreie, aber meine Hilfe ist fern.
Mein Gott, des Tages rufe ich dich, doch du antwortest nicht, und des Nachts, doch finde ich keine Ruhe. Du aber bist heilig.« *Psalm 22*

Glauben heißt:

»Der Herr ist mein Hirte,
mir wird nichts mangeln.

Er weidet mich auf grüner Aue
und führet mich zum frischen Wasser.
Er erquicket meine Seele.
Er führet mich auf rechter Straße
um seines Namens willen.
Und ob ich schon wanderte im finstern Tal,
fürchte ich kein Unglück;
denn du bist bei mir,
dein Stecken und Stab trösten mich.
Du breitest vor mir einen Tisch
im Angesicht meiner Feinde.
Du salbest mein Haupt mit Öl
und schenkest mir voll ein.
Gutes und Barmherzigkeit werden mir folgen mein Leben lang
und ich werde bleiben im Hause des Herrn immerdar.«

Psalm 23

Notiz an den Religionslehrer

Sehr geehrter Herr,

ich kann mir vorstellen, daß Sie dieses Buch gar nicht mit Vergnügen lesen.

Sie werfen mir vor, daß ich ja nur wiederhole, was man seit der Aufklärung gegen die Kirchen sagt, ohne daß sie zugrunde gegangen wären. Sie sind traurig darüber, daß ich Mauern einreiße, wo man heutzutage dankbar sein soll, wenn noch etwas steht.

Darauf möchte ich Ihnen antworten, daß ich durchaus dafür bin, manche Mauern einzureißen, wenn sie die Sicht auf etwas Besseres versperren. Wer sagt denn, daß Kirchenmauern immer gerade dort stehen müssen, wo sie vor ein paar Jahrhunderten hingebaut wurden?

Sie machen mir sicher auch zum Vorwurf, daß ich Leute in ihrem Glauben unsicher mache. Das streite ich nicht ab. Im Gegenteil, das ist sogar meine Absicht. Oder finden Sie einen Glauben gut, der sich nicht im Widerspruch behaupten muß?

Ich meine, wir sollten uns später noch einmal über den Glauben unterhalten.

Denken erlaubt

Jeder von uns hat das Recht, selbst über die Dinge nachzudenken. Was du glaubst, oder über das Christentum denkst, ist vielleicht das Gegenteil von dem, was der Pfarrer sagt, aber es muß deswegen nicht falsch sein.
Theologie ist ja nichts weiter als der Versuch, genau zu erkennen und zu erklären, was denn nun in der Bibel steht und was das für uns bedeutet.
Jemand, der – wie ein Geistlicher – Griechisch und Hebräisch gelernt hat, kann unter ganz anderen Voraussetzungen prüfen, was einzelne Aussagen der Bibel bedeuten. Daß er sie aber richtig versteht, ist damit nicht gesagt. Auch die Theologen sind sich nicht einig.

Die Katholiken sagen, Luther habe die Bibel ganz falsch verstanden.

Luther sagt, daß die Katholiken die Bibel falsch verstanden haben.

Paulus krachte sich mit Petrus,
Petrus krachte sich mit Paulus,
beide waren Apostel.
Und wenn schon . . .

Das fromme Kind und die Folgen

»Ich meine, es würde sehr lange dauern, bis ein nicht beeinflußtes Kind anfinge, sich Gedanken über Gott und die Dinge jenseits der Welt zu machen ... Aber man wartet diese Entwicklung nicht ab, man führt ihm die religiösen Lehren zu einer Zeit zu, da es weder Interesse für sie noch die Fähigkeit hat, ihre Tragweite zu begreifen. Verzögerung der sexuellen Entwicklung und Verfrühung des religiösen Einflusses, das sind doch die beiden Hauptpunkte im Programm der heutigen Pädagogik, nicht wahr? Wenn dann das Denken des Kindes erwacht, sind die religiösen Lehren bereits unangreifbar geworden. Meinen Sie aber, daß es für die Erstarkung der Denkfunktion sehr förderlich ist, wenn ihr ein so bedeutsames Gebiet durch die Androhung von Höllenstrafen verschlossen wird? Wer sich einmal dazu gebracht hat, all die Absurditäten, die die religiösen Lehren ihm zutragen, ohne Kritik hinzunehmen, und selbst die Widersprüche zwischen ihnen zu übersehen, dessen Denkschwäche braucht uns nicht arg zu verwundern ... Wie kann man von Personen, die unter der Herrschaft von Denkverboten stehen, erwarten, daß sie das psychologische Ideal, den Primat der Intelligenz, erreichen werden?«

Sigmund Freud

(Quelle: Freud, Sigmund, Gesammelte Werke, Band XIV, Fischer Verlag, Frankfurt.)

Das übermalte Bild

Ich möchte jetzt von Christentum erzählen, aber nicht so, wie man es vom Religionsunterricht oder vom Gottesdienst her kennt, sonst käme ja keine Diskussion zustande.
Ich will Jesus nicht von vornherein als Heiland und Erlöser hinstellen und dann erst die Beweise dafür in der Bibel finden. Das hieße ja: Man muß erst glauben, Jesus ist etwas Besonderes – dann schluck' ich auch die Wunder.
Ich möchte den anderen Weg gehen und ganz einfach fragen:

Kann man herausfinden, wer Jesus war und was er wollte? Stimmt das mit dem überein, was die Kirchen heute von ihm sagen?

Es könnte schließlich sein, daß die Kirchen im Laufe der Zeit etwas ganz anderes von Jesus erzählen, als was er selbst als richtig und wahr anerkennen würde. Jeder von uns weiß aus Erfahrung, wie falsch einen manchmal Leute beurteilen und beschreiben.
Was wir von Jesus wissen, stammt nicht von ihm selbst, es stammt nicht einmal von seinen Freunden (den »Jüngern«), sondern von Leuten, die ihn höchstwahrscheinlich nicht einmal gekannt haben. Wie sicher kann man also sein, daß sie ihn richtig beschrieben haben?

Es ist nun die Aufgabe der Theologen an den Universitäten, herauszufinden, welche Stellen im Neuen Testament möglicherweise direkt bis auf Jesus zurückgehen, und welche Stellen und Aussagen erst später dazugekommen sind, und welche Tatsachen und Gedanken wirklich zu Jesus gehören, und welche ihm nur zugeschrieben, d. h. »angedichtet« sind.

Ich kann das wissenschaftliche Verfahren hier nicht im

einzelnen beschreiben. Das Prinzip, das man allgemein in der Literatur bei der Erforschung von Dokumenten verwendet (und also keine Eigenheit der Theologen darstellt), ist aber einfach: Man geht davon aus, daß Berichte über ein Ereignis immer umfangreicher und farbiger werden, je weiter das Ereignis zurückliegt.

Ein Beispiel aus dem Alltag: Bei einem Todesfall erhalte ich als erstes ein knappes Telegramm: Opa gestern gestorben. Was ich ein paar Tage später erfahre, steht in einem ausführlichen Brief: wann, wie, wo, warum. Im Brief erfahre ich auch von den Gefühlen der Betroffenen. Noch später bei der Beerdigung wird mir alles ausführlich von verschiedenen Leuten erzählt, aber jeder hat es ein bißchen anders in Erinnerung.

Diese Entwicklung kann man auch im Neuen Testament feststellen. Das Markusevangelium ist der älteste Bericht, er ist noch knapp und kurz. Dann kommt Matthäus: Er ist schon viel länger und enthält viele neue Einzelheiten. Bei Lukas gibt's noch mehr Wunder und schließlich Johannes, der letzte Schreiber, erzählt schon eine ganz eigene Geschichte, die kaum noch mit Markus vergleichbar ist. Wer hat nun die Sache richtig beschrieben? Die Evangelien sind sich ja nicht einmal darüber einig, ob Jesus ein Jahr oder drei Jahre herumgezogen ist, bevor er gekreuzigt wurde!

Nun kann man leicht feststellen, daß Matthäus, Markus und Lukas einen gemeinsamen Bestand von Geschichten haben, der auf einen noch älteren (uns nicht mehr erhaltenen) Bericht zurückgeht. Zu diesem Ur-Bericht rechnet man zum Beispiel die Sprüche aus der sogenannten Bergpredigt (Matthäus 5). Sie sind sozusagen die ersten »Telegramme«, und man ist ziemlich sicher, daß ein großer Teil dieser Sprüche auf Jesus zurückgeht.

Allerdings gehen die Meinungen darüber auseinander, wie viele solcher Originalaussprüche man im Neuen Testament findet. Hier wird es unter den Gelehrten nie eine Meinung geben.

Die anderen Berichte der Evangelien schildern die Ereignisse wie Taufe, Kreuzigung u. a. alle in ihrer eigenen Art, und je weiter der Tod des Jesus zurückliegt, desto blumiger und fantasievoller werden die Berichte. So ist zum Beispiel die Weihnachtsgeschichte bei Lukas im zweiten Kapitel voll von wunderbaren Begebenheiten. Lukas schmückt einfach aus, weil er soviel Gutes von Jesus gehört hat, daß er nun meint, mit besonderen Geschichten diesen großen Mann noch deutlicher schildern zu müssen.
Beim Apostel Paulus, der als Allererster über Jesus schrieb, ist Jesus noch ein ganz einfacher Mensch, ganz normal von einer Frau geboren. Bei Matthäus und Markus ist schon die Rede vom Heiligen Geist, und bei Lukas schweben Engel am Himmel, beim letzten Evangelisten gar wird Jesus schon mit Gott gleichgestellt. Man sieht wie im Laufe der Zeit immer mehr Heiligenschein um die Geschichte kommt.
Wenn ich also wissen will, was Jesus wirklich gesagt und gewollt hat, dann muß ich nach dieser Methode die oberen Schichten abtragen, bis ich auf den Grund komme. Ich muß alle die Steine wegräumen, die zur Ehre des Jesus so schön bearbeitet und behauen wurden, damit ich auf die tragenden Grundmauern komme.
Wenn ich das tue, so entsteht zwangsläufig ein anderes als das gewohnte Jesusbild. Was wir erkennen, ist ein Bild, an dem verschiedene Menschen zu verschiedenen Zeiten herumgemalt haben. Was wir brauchen und was wir gewissermaßen mit Röntgenstrahlen sichtbar machen müssen, ist das Original oder zumindest das, was dem Original am nächsten kommt.

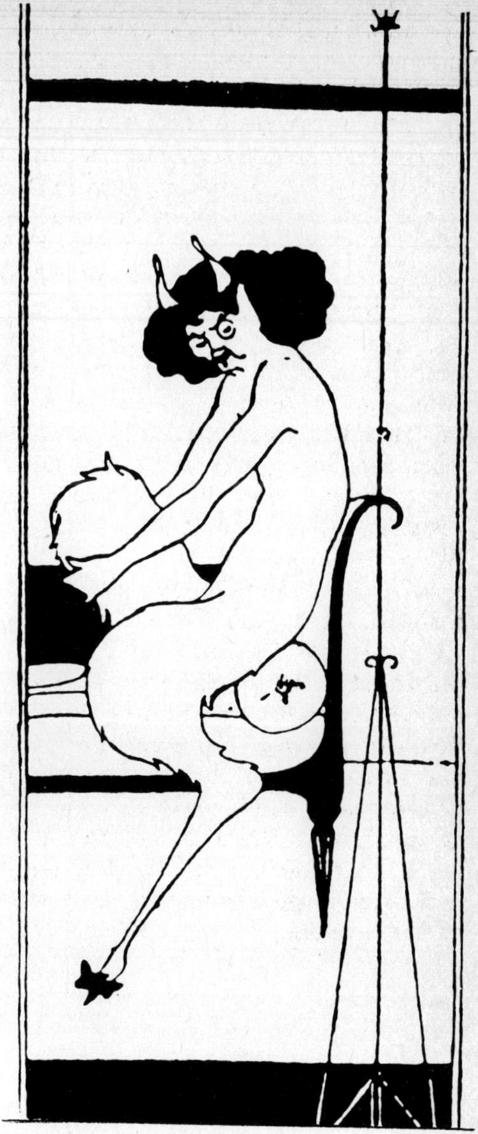

So entstand das Neue Testament:

um 30	Jesus stirbt.
50/51	Paulus erwähnt zum ersten Mal in seinem Brief an die Thessalonicher Jesus (20 Jahre nach dessen Tod!).
52/53	Paulus schreibt seinen Brief an die Galater.
53/54	Die beiden Briefe an die Korinther.
54/55	Der Römerbrief.
um 70	40 Jahre nach Jesus Tod entsteht das Markusevangelium.
nach 70	Noch etwas später das Matthäusevangelium.
um 100	Knapp 70 Jahre nach dem Tod des Jesus schreibt Lukas seinen Bericht.
um 100	Als letzter Bericht entsteht das Johannesevangelium.
nach 100	Die übrigen Briefe des Neuen Testaments (die sogenannten Pastoral- oder Hirtenbriefe) werden geschrieben.
um 140	Mehr als hundert Jahre nach der Kreuzigung wird ein erstes Glaubensbekenntnis formuliert.
um 180	Die Schriften des Neuen Testaments werden aus einer Vielzahl von Briefen und Evangelien, die es inzwischen gibt, endgültig ausgewählt und zusammengestellt. (Es sind die »kanonischen Schriften«, nach denen man sich zu richten hat. Kanon = Richtschnur.)

(Die Zahlen sind die vermuteten Entstehungszeiten, wie sie die heutige Forschung angibt.)

Wie Theologen unter sich reden

»Repräsentatio als neue Quandocatio des Heilswerkes. Hat die bisherige Darstellung trotz Beachtung innermysterientheologischer Variationen die strukturelle Gemeinsamkeit hervortreten lassen, die den auf dem theologischen Gehalt von ›Repräsentatio‹ beruhenden Gottesdiensttyp kennzeichnet, so wird die folgende Entfaltung des Quomode der Mysteriengegenwart tiefgreifende Unklarheiten und Widersprüche erkennen lassen, die das behauptete Quod der Mysteriengegenwart in Frage stellen.«

Alles klar?

(Quelle: Ottfried Koch, Gegenwart oder Vergegenwärtigung Christi im Abendmahl. Claudius Verlag. 1965.)

Lebenslauf ohne Heiligenschein

Als guter Christ müßte Jesus seinen Lebenslauf so anfangen:

»Ich wurde am 24. Dezember 00 als erstes Kind der Maria und des Heiligen Geistes in Bethlehem geboren. Da meine Eltern getrennt lebten, erhielt der in Nazareth ansässige Zimmermann Josef die Erziehungsberechtigung ...«

Ich glaube, man muß einmal bis hart an die Grenze gehen, um zu erkennen, was in nüchternen Worten das Glaubensbekenntnis eigentlich aussagt.

Die Wirklichkeit, die wir aus den ältesten Dokumenten des neuen Testaments herauslesen können, war anders.

Einige Jahre vor dem Jahre Null wird ein Kind namens Jeschua geboren (Jeschua oder Joschua ist die damalige Aussprache des alttestamentarischen Josua, was die Griechen wie Jesus aussprachen). Die Familienverhältnisse sind unklar. Markus übergeht sie ganz, Matthäus erzählt im ersten Kapitel ganz naiv, daß Josef seine Verlobte sitzen lassen wollte, weil sie schon vor der Hochzeit ein Kind erwartete, was nicht von ihm war. Damit alles gut geht, muß dem Josef im Traum ein Engel erscheinen, der ihn mit der Geschichte des Heiligen Geistes tröstet. Wir erfahren, daß Jesus noch eine Reihe Geschwister hatte und daß Josef Zimmermann war, also ein einfacher Mann aus dem Volke.

Sicher scheint, daß er mit seiner Mutter zumindest zeitweilig nicht gut stand. Einmal sagt er zu ihr: »Weib, was habe ich mit dir zu schaffen«, während die Familie wiederum Jesus für verrückt hält.

Rund 30 Jahre vergehen, ohne daß man etwas von Jesus erfährt (nur Lukas schmückt die Zeit mit der Geschichte vom zwölfjährigen Jesus im Tempel aus).

Plötzlich taucht dieser Mann weit weg von Galiläa am Jordan beim Toten Meer auf und läßt sich von Johannes taufen. (Mit dieser Geschichte beginnt Markus seinen Be-

richt, weil offenbar vorher nichts Außergewöhnliches aus diesem Leben zu berichten war.)
Er sammelt Leute um sich, Fischer und Menschen aus wenig angesehenen Berufen, und beginnt zu lehren.
Die meiste Zeit scheint er sich in Galiläa, seiner engeren Heimat, aufgehalten zu haben. Ob er drei Jahre oder nur ein Jahr herumzog, ist nicht sicher, die Berichte widersprechen sich. Jedenfalls zieht er nach Jerusalem, läßt sich als Erretter des Volkes feiern, erregt das Mißtrauen der römischen Besatzungsmacht, wird verhaftet und unter der Anklage des politischen Aufruhrs ans Kreuz geschlagen.
Im ältesten Evangelium, bei Markus, stirbt er mit dem Verzweiflungsschrei »Mein Gott, mein Gott, warum hast du mich verlassen« – die Jünger laufen auseinander, es ist alles aus. (Der Auferstehungsbericht bei Markus im letzten Kapitel ist nämlich nachweislich erst viel später dazugeschrieben worden. Leider wird das in unseren Bibeln nur sehr undeutlich durch Klammern zum Ausdruck gebracht.)
Wenn man das alles zu einem Bild zusammensetzt, müßte unser Jesusbild entstehen: sitzend zur Rechten Gottes, ein Sohn Gottes, der das jüdische Gesetz überwand und der ganzen Welt das Heil brachte: der Erlöser. Aber dieses Bild kommt nicht heraus.
Allerdings: es ist noch nicht das fertige Porträt. Wir müssen noch fragen, ob wir etwas über die Absichten und Motive seines Handelns und seiner Lehre erfahren können.
Was er wollte, kann man sehr gut aus seinen Gleichnissen ablesen. Die meisten handeln davon, daß die Menschen sich auf das baldige Kommen des Reiches Gottes vorbereiten sollen. Darunter verstehen wir heute meist etwas Unsichtbares, Jenseitiges, »Himmlisches«. Jesus verstand darunter etwas ganz Konkretes, wie es auch ganz deutlich im Vaterunser steht: »Dein Reich komme, wie im Himmel, so auch auf Erden.« Das heißt: So wie Gott im Himmel herrscht, soll er auch auf der Erde herrschen.

Damit nun dieser geradezu paradiesische Zustand eintreten kann, müssen die Menschen sich ändern. Wenn alle Menschen tun, was Gott von ihnen verlangt, dann kann es nichts Böses mehr geben. Wenn sich jeder nach Gott richtet, dann herrscht das Reich Gottes auf Erden. Weil die Menschen aber anders denken, müssen sie lernen, müssen sie »umdenken«. Dieses Wort »umdenken« steht im griechischen Text der Bibel immer da, wo wir »Buße tun« übersetzen.
Nun kann man leicht sagen: Jesus war ein Spinner, ein Idealist. Denn daß alle Menschen gut sind, passiert nie, folglich kann man lange auf ein Paradies auf Erden warten. Und sicher: dieser Jesus war ein eigenartiger Mann, der die Menschen faszinierte und geradezu auch hypnotisierte. Ein Teil der Geschichten, die wir unter Wunder rechnen, geht vielleicht auf das Konto seiner besonderen Ausstrahlungskraft, nur wurden sie falsch wiedererzählt. (Die Psychologie kann da viele Parallelbeispiele geben.)
Aber ich glaube, wir müssen den Fall Jesus noch etwas anders sehen.

Theorie und Praxis

Das Glaubensbekenntnis faßt im Telegrammstil zusammen
+ was die Kirchen lehren
+ was ein Mensch glauben (bekennen) soll, der sich als Christ empfindet.

	das glauben nicht
Ich glaube an Gott den Vater	32%
den allmächtigen Schöpfer	
Himmels und der Erde.	
Und an Jesus Christus,	
seinen eingeborenen Sohn, unsern Herrn	64%
empfangen durch den Heiligen Geist	
geboren von der Jungfrau Maria	64%
gelitten unter Pontius Pilatus	12%
gekreuzigt, gestorben begraben,	
hinabgestiegen in das Reich der Toten	
am dritten Tage auferstanden von den Toten	61%
aufgefahren gen Himmel.	49%
Er sitzt zur Rechten Gottes, des allmächtigen Vaters	58%
von dort wird er kommen zu richten die Lebendigen und die Toten.	
Ich glaube an den Heiligen Geist,	
die heilige, allgemeine christliche Kirche	
die Gemeinschaft der Heiligen	
Vergebung der Sünden	
Auferstehung von den Toten	52%
und das ewige Leben	52%

Mit anderen Worten: mehr als die Hälfte aller »Christen« glaubt praktisch nichts von dem, was sie bei feierlichen Anlässen als Glaubensbekenntnis aufsagt.

(Die Prozentzahlen beziehen sich auf erwachsene Deutsche nach einer Emnid-Umfrage vom Jahre 1968.)

Fragen an den Religionslehrer

Sehr geehrter Herr,

Sie kennen natürlich diese Statistiken und werden mir sagen, daß sie wie alle Statistiken lügen. Zum Beispiel dürfte man nicht die Mehrzahl der »Ungläubigen« in Glaubensdingen befragen. Würde man nur die eigentlichen Kirchgänger fragen, wäre der Glaubenspegel viel höher. Das ist richtig, auch wenn Sie erschrecken würden, wie viele Kirchgänger entscheidende Teile des Glaubensbekenntnisses eben nicht glauben.

Aber was für meine Aufstellung spricht: Es ist doch richtig, daß fast alle Bundesbürger (genauer 97%) Mitglied einer Kirche sind. Und eben diese Mitglieder wurden befragt.

Eigentlich müßte man daraus Folgerungen ziehen.

a) Entweder sollten die, die das alles gar nicht glauben, aus der Kirche austreten (ich trete doch auch nicht in eine Partei ein, deren Ziele ich nicht ernst nehme)

b) oder die Kirche sollte alle die ausschließen, die das »Parteiprogramm« (das Glaubensbekenntnis also) für falsch halten. Was hat die Kirche von Mitläufern?

Die einen sagen: Die Kirche braucht Mitläufer wegen der Kirchensteuer. Wenn die Kirche nur noch von denen finanziert würde, die sie aktiv unterstützen, ginge es ihr ganz mies.

Die anderen sagen: Die Kirche hat gar kein Recht, Leute hinauszuwerfen, denn die Kirche hat die Vergebung der Sünden und das Heil anzubieten und keine Mitgliedslisten zu führen. Jesus hat sich ja gerade um die verlorenen Schafe gekümmert.

Wieder andere sagen: Man kann ein guter Christ sein, ohne einer Kirche angehören zu müssen (so, wie man die Ziele einer Partei richtig finden und diese Partei wählen kann, ohne Mitglied sein zu müssen).

Und schließlich sagen manche, daß die Kirche sich nur mit dem Christentum verwechselt, daß wahres Christentum und Kirche nichts miteinander zu tun haben.

Mich würden Ihre Ansichten interessieren.

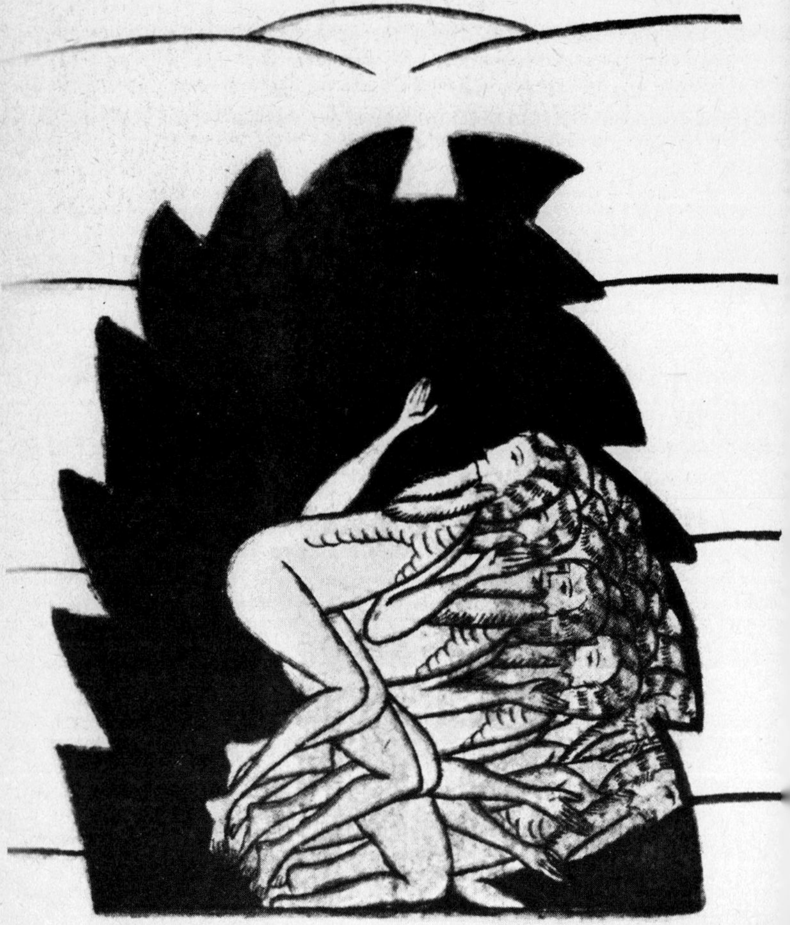

Jesus war kein Christ

Man muß sich einmal klarmachen, daß Jesus gar kein Christ war. Er war Jude.
Nun ist der jüdische Glaube, den Jesus sehr ernst nahm, etwas ganz anderes als das Christentum. Jesus nahm nichts anderes ernst als diesen Glauben der Erzväter. Das hatte seine Konsequenzen.
Für uns ist es selbstverständlich, daß wir als Christen ein Glaubensbekenntnis haben, daß wir Dogmen haben, daß wir »glauben«. Das »glauben« von Dogmen und Wundern ist aber für den Juden – damals wie heute – völlig unwichtig. Gottes Willen tun heißt für einen Juden nicht, irgendwelche Lehren zu glauben, sondern die Gebote Gottes zu halten und zu tun: wirklich zu tun.

Diese Gebote Gottes sind ganz klar zu verstehen (wenn auch sehr schwer zu halten): Es sind die Zehn Gebote, die zwei Dinge fordern: 1. Daß man Gott, seinen Namen und seinen Feiertag ehrt, und daß man 2. dem Mitmenschen hilft. Lest mal wieder die Zehn Gebote: Da steht nichts von glauben, sondern vom Tun. Da steht nichts vom Egoismus einer Erlösung, sondern vom Mitmenschen.

Nun ist es schon zur Zeit des Jesus nicht bei den Zehn Geboten geblieben. Der ganze Tagesablauf eines Juden war schon damals im religiösen Sinne durch das »Gesetz« geregelt: Insgesamt sind es mittlerweile 613 Gebote und Verbote, die ein Jude einhalten muß, wenn er Gottes Willen tun und erfüllen will. Das schafft natürlich keiner, und deshalb gibt es die kleine Geschichte, die die Juden heute noch erzählen: Kommt ein Mann zum Rabbi und sagt: Rabbi, seit 2000 Jahren warten wir auf den Messias – warum kommt er nicht? Sagt der Rabbi: Der Messias kommt gleich morgen, wenn – wenn zehn fromme Juden alle 613 Gebote und Verbote einen Tag lang halten.

Die Frömmigkeit eines Juden kann man also nur an seinen Handlungen ablesen, nicht an seinem »Glauben«. Der »Glaube« eines Juden, wie auch Jesus einer war, kann sich nur in wirklichen Taten zeigen. Das Befolgen der Gebote Gottes ist für einen Juden zehnmal wichtiger als Gebete und »Glauben«. Das sagt auch der Apostel Paulus im 13. Kapitel des 1. Briefes an die Korinther: daß ein Glaube tot ist, wenn er nicht Liebe und Taten zeigt.

Nun ist es bei allen Religionen so, daß die schönsten Regeln allmählich zu starren Formeln werden und damit ihren eigentlichen Sinn verlieren.

Ich will ein Beispiel geben. In den Zehn Geboten heißt es, man solle den Feiertag heiligen und an diesem Tag dem Schöpfer danken. Das ist ein schöner Gedanke: Herr und Knecht sollen Ruhe haben, weil Gott – nach der Bibel auch am siebenten Tag von der Schöpfung ausgeruht hat. Schöpfer und Geschöpf sollen es gleich gut haben.
Nun wurde dieser vernünftige Gedanke bald zur unsinnigen Regel: Am Sabbat, am Ruhetag durfte ein Jude überhaupt nichts mehr tun, nicht einmal das Feuer löschen, wenn sein Haus brannte. Er durfte nur eine bestimmte Anzahl Schritte gehen, durfte kein Feuer machen (weshalb fromme Juden noch heute am Sabbat nur Kaltes essen), durfte nichts in Bewegung setzen (fromme Juden knipsen am Sabbat nicht einmal Licht an).
Man kann verstehen, daß ein Mann wie Jesus gegen solche erstarrten Regeln war. Er hat darum Kranke auch am Sabbat geheilt, eben weil er meinte, am Tage Gottes sollte man Menschen helfen, statt nutzlos herumzusitzen. Das brachte ihn in Schwierigkeiten mit den Pharisäern, die besonders genau auf die Einhaltung der toten Regeln achteten. Deshalb hat Jesus aber gesagt: Der Sabbat ist um des Menschen willen da, und nicht der Mensch um des Sabbat willen. Das heißt in verständlichem Deutsch: Wir ehren

Gott an seinem Tag am meisten, wenn wir dem Mitmenschen helfen, und nicht, wenn wir wie erstarrt dasitzen und nichts tun.

Nun wird der Satz, daß der Sabbat um des Menschen willen da sei, meist als Beweis dafür genommen, daß Jesus das jüdische Gesetz überwunden habe. Man sagt dann: Hier sieht man, wie Jesus das Gesetz ablehnt und gewissermaßen die »Freiheit eines Christenmenschen« einführt.
Genau das Gegenteil ist wahr, auch wenn die Kirchen das nicht gern hören. Zwar war Jesus gegen erstarrten Formelkram (als wenn jemand heute deshalb ein Christ wäre, weil er ein Tischgebet hält, sonntags in die Kirche geht, sich aber für den Rest der Woche von einem Nichtchristen in nichts unterscheidet), aber er war nicht gegen die jüdischen Gebote. Er sagt sogar, daß das Gesetz Gottes und die Worte der Propheten »bis aufs I-Tüpfelchen« erfüllt werden müßten (worüber ich noch nie jemanden habe predigen hören). Das hieß für ihn, daß die Gebote sogar noch schwerer wurden, weil man sie ehrlicher meinte. Ehebruch war für ihn schon, wenn man eine andere ansah »ihrer zu begehren«, das heißt, wenn man schon in Gedanken untreu war. Das ist eine viel psychologischere Auffassung von Gutsein. Darum hat er auch die Ehebrecherin nicht verurteilt, sondern gesagt: Wer von euch ohne Sünde ist, der werfe den ersten Stein auf sie.
Ich glaube, daß Jesus die Ehrlichkeit wollte, nicht das, was »man tut«. Deshalb legte er die religiösen Regeln anders aus als die Pharisäer, gerade weil er als frommer Jude seinen Glauben ernst nahm. Jesus war eine Art Reformator, oder, wie man zu biblischen Zeiten sagte: ein Prophet, der zur Umkehr, zur Buße rief. Ihm ist niemals in den Sinn gekommen, das Gesetz abzuschaffen und eine neue Religion zu gründen. Das haben später andere für ihn besorgt.
Jesus wollte auch kein Erlöser, kein Heiland der Welt sein. Das haben andere erst später hineingedeutet.

Jesus wollte nur seinem jüdischen Volk helfen – auch mit politischen Mitteln: *denn Jesus wollte König der Juden werden.*

Der Judenkönig

Was für uns bei »Jesus Christus« so ein bißchen wie ein Familienname klingt, ist gar kein Name, sondern ein Titel. »Christos« ist ein griechisches Wort und heißt »der Gesalbte« (Christen sind also gesalbte Leute), und der Mann aus Nazareth heißt eigentlich auf deutsch »Jesus der Gesalbte«.

Wie kommt der Jude Jesus zu einem griechischen Titel? Sucht man im Hebräischen, was dort »Gesalbter« heißt, dann findet man das Wort »Messias« (wir könnten Jesus also auch »Jesus Messias« nennen).

Vom Messias ist ja nun in der Bibel oft die Rede. Im Alten Testament ist er der erbetene Retter aus der Not, und im Markusevangelium geht es um die Frage, ob nun auch Jesus ein solcher Messias ist.

Als ihn seine Jünger fragen, läßt Jesus durchblicken, daß er wirklich der Messias sei. Aber im gleichen Augenblick verbietet er den Jüngern, dieses Geheimnis anderen weiterzusagen.

Das ist merkwürdig. Messias ist ein Ehrentitel – warum will Jesus nicht, daß andere ihn so nennen? Ist er zu bescheiden? Die Wahrheit liegt woanders. Gesalbte werden Könige. Jesus erhob also den Anspruch, ein König zu sein.

Nun ist das nichts Neues für uns: Jesus Christus, der Herr der Welt, ist symbolisch auch ein König. Nur war damals ein Messias nichts Symbolisches, nichts Frommes oder Geistliches, sondern ganz real ein wirklicher Herrscher. Da heißt also: Jesus ist nicht nur ein frommer Mensch gewesen, sondern er wäre – im heutigen Sinne – ein Politiker gewesen, ein Mann, der die Herrschaft über ein Volk anstrebte.

Das ist ein ganz neuer Jesus, und um das zu verstehen, muß man ein bißchen die Geschichte und die Denkweise der Juden kennen. Obwohl sie sich als das auserwählte Volk Gottes fühlten, hatten sie ewig Pech: Immer kam jemand und verschleppte sie (nach Ägypten, nach Babylon) oder

blieb als Besatzungsmacht im jüdischen Reich. Nur selten waren die Juden unabhängig. Zwar saßen sie im gelobten – das heißt versprochenen – Land, aber niemand befreite sie von der Fremdherrschaft. Es fehlte der starke Mann, der den »Kindern Israel« wieder ihre Freiheit gab.
Nun lasen die Juden in ihrer Bibel (dem Alten Testament also), daß Gott seinem auserwählten Volk helfen werde, wenn sie selbst die Gebote Gottes hielten. Dann würde der Messias, der Befreier kommen. Dieser Messias war also nicht nur ein politischer Herrscher, sondern gleichzeitig auch ein von Gott geschickter Mann: sozusagen ein Sohn Gottes. (Die deutschen Kaiser und Könige haben später übrigens diese Idee übernommen, als sie sich als von Gott eingesetzt, als »Kaiser von Gottes Gnaden« bezeichnen und geistliche und weltliche Macht in einer Hand hielten.)
Als ein solcher Mann hat sich Jesus wahrscheinlich gefühlt. Zu seiner Zeit war Palästina bereits seit über 300 Jahren unter fremder Herrschaft: erst unter griechisch-persischem Einfluß, dann unter den Römern. Seit dreihundert Jahren warteten die Juden auf die Befreiung von den Fremden, die ihren Kult störten, und Jesus war nicht der erste Messias, der scheiterte.
Von der römischen Besatzungsmacht aus gesehen war ein solcher Messias natürlich ein Aufrührer, ein Revolutionär, weil er zwangsläufig für die Beseitigung der römischen Vorherrschaft eintreten mußte. Darum befahl Jesus seinen Jüngern, niemand zu verraten, daß er der Messias sei. (Wir könnten das ganze Unternehmen heute etwa mit »Untergrundbewegung« übersetzen.)
Als Jesus dann aber in Jerusalem einzieht, feiert ihn die Menge mit Hosianna: »Gelobt sei der da kommt, der König im Namen des Herrn . . .« (Lukas 19, 38) – und schon passiert, was passieren muß: Die Römer verhaften Jesus, er wird unter der Anklage des politischen Aufruhrs gekreuzigt. Zum Spott und zur Abschreckung für die Juden hängt man ihm noch seinen angemaßten Titel übers Kreuz: Da

habt ihr euren »Jesus, den Nazarener, König der Juden« (die lateinische Abkürzung dafür ist das bekannte INRI).
Es läßt sich überhaupt nicht darüber streiten, daß Jesus unter der Anklage des Aufruhrs hingerichtet wurde und nicht aus Gründen eines religiösen Irrglaubens. Sonst wäre er von den Juden verurteilt worden und nicht von den Römern.
Verständlich, daß Jesus in seinem Tod keinerlei Sieg sah, sondern ein Scheitern. Statt mit einem Aufstand gegen die Römer sein Volk zu befreien, starb er am Kreuz, bevor er etwas erreicht hatte. Darum also der letzte Schrei: »Mein Gott, mein Gott, warum hast du mich verlassen ...« – All die Jahre war er ja herumgezogen und hatte die Leute zu einem gottgefälligen Leben ermahnt, weil nur dann das Reich Gottes kommen würde.
Dieses Reich Gottes war nun nichts, was irgendwo im Himmel stattfand. Die Bitte im Vaterunser »dein Reich komme« war ganz real gemeint: Wenn die Leute Buße tun und die Gebote Gottes befolgen, wenn dann Gott den Messias schickt und das auserwählte Volk begreift, dann ist dies das Reich Gottes: ein irdisches Reich, in dem Gottes Wille erfüllt wird.
Diese Gedanken sind für uns ungewohnt, weil wir die Bibel mit christlichen Augen lesen und weil die Kirchen immer die Stellen im Neuen Testament weglassen, die nicht in dieses christliche Konzept des Himmelskönigs hineinpassen.
Für uns ist das Reich Gottes und die Erlösung etwas Fernes, etwas, was nach dem Tode kommt. Für Jesus und seine Zeitgenossen war es etwas Greifbares, hier auf Erden, und vor unserem Tode. Für uns ist Jesus der Erlöser der Welt, für seine Zeitgenossen war er derjenige, der »das auserwählte Volk«, also die Juden – und niemanden sonst! – befreien wollte, indem er sie zum echten Glauben führte.
Wenn das so ist, dann frage ich mich, ob die Kirchen ein Recht haben, sich überhaupt auf Jesus zu beziehen.

Notiz an den Religionslehrer

Sehr geehrter Herr,

Sie sind jetzt sicher ärgerlich und machen mir den Vorwurf, daß ich das Neue Testament falsch interpretiere. Sie geben natürlich zu, daß man dieses Bild so aus dem Neuen Testament zusammensetzen kann (ich beziehe mich ja genauso auf nachlesbare Bibelstellen wie Sie), aber Sie sind bestimmt der Meinung, daß dieses Bild falsch ist, weil es das Wesentliche nicht trifft: Schließlich stehen ja genug Aussagen im Neuen Testament, die von der Heilstat Gottes und der Bedeutung des Kreuzestodes sprechen. Ich weiß das.

Aber wenn ich das noch einmal wiederholen darf: Ich wollte versuchen, ein Jesusbild zusammenzusetzen, das möglichst wenig Übermalung zeigt. Wenn ich einen echten Rembrandt haben kann, der vielleicht ein bißchen beschädigt ist, so ist mir das doch zehnmal lieber als ein wunderschön lackiertes Gemälde, das am Ende gar nichts mehr von Rembrandt erkennen läßt.

Ich gebe zu, daß ich mir natürlich auch über die Konsequenzen Gedanken gemacht habe.

Wenn Jesus als Jude nur den Juden helfen wollte, und wenn ich eben diesen originalen Jesus suche, dann müßte das ja heißen: Entweder werden wir alle Juden, oder der Mann aus Nazareth bedeutet uns nichts mehr.

Ich kann die gleiche Frage auch an die Kirchen zurückgeben: Entweder die Kirchen richten sich nach dem, was Jesus selbst dachte und wollte, oder sie sollten darauf verzichten, im Namen dieses Mannes Dinge zu lehren und zu tun, die nachweislich erst später dazugekommen sind.

Ich meine, wir sollten im Moment noch auf Antworten verzichten. Aber wir sollten uns gegenseitig kritisch fragen, ohne zu verurteilen.

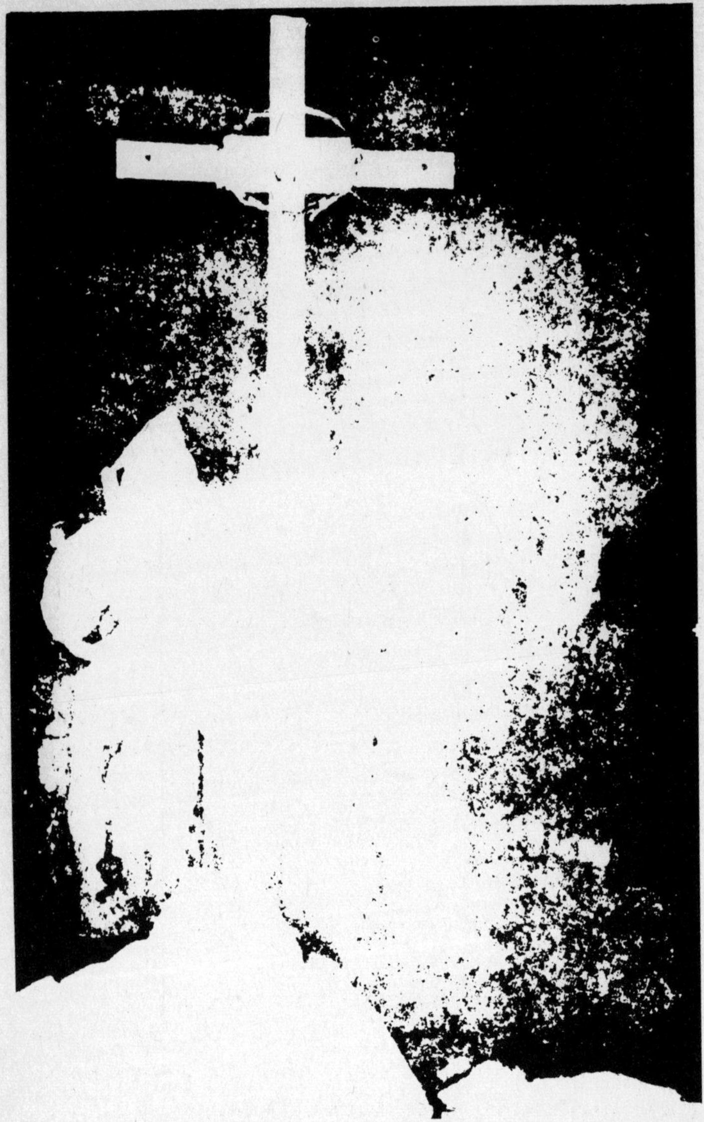

Theologie der Revolution

Die Kirchen haben Jesus zu einem unpolitischen Heiland gemacht. Damit haben sie einen Teil seiner Absichten und Lehren verfälscht.

Zwar: die Kirchen waren nie unpolitisch. Nur: sie standen immer auf der falschen Seite.

»Es gibt keine Theologie der Revolution«, sagen manche besorgten Bischöfe. Sie haben auch Recht. Theologie der Revolution ist auch keine Theologie für Bischöfe, sondern eine Laientheologie der leidenden und kämpfenden Christen in der Welt.
Aber auch abgesehen davon muß man sagen, daß es so lange keine Theologie der Revolution geben wird, wie es nicht zu einer Revolution in der Theologie kommt . . .
Es ist unglaubwürdig, gute Worte und Taten gegen die ökonomische Entfremdung des Menschen zu richten, solange man die religiöse Entfremdung, die man selbst verbreitet, nicht bekämpft.

Man kann nicht viel über eine ›neue Erde‹ sagen, solange man nicht einsieht, daß auch der Himmel der Religion alt und repressiv geworden ist und man einen ›neuen Himmel‹ braucht.«

Jürgen Moltmann

Ordinarius für systematische Theologie an der Ev.-Theol. Fakultät Tübingen
(Quelle: Vortrag vor der christlichen Weltstudentenkonferenz in Turku, 22. bis 31. 7. 1968.
Gedruckt in »Diskussion zu Theologie der Revolution«, Verlage Chr. Kaiser und Matthias-Grünewald. 1969.)

»Alle Revolutionen sind gegen das Reich Gottes«

Gottfried Menken

evangelischer Theologe der Revolutions- und Restaurationszeit des letzten Jahrhunderts
(Quellen: Gottfried Menken, Schriften, Band 7. Bremen. 1958.)

»Der christliche Gott ist nicht der himmlische Garant des Bestehenden«

Jürgen Moltmann

Ordinarius für systematische Theologie an der Ev.-Theol. Fakultät Tübingen, 1968 (Gedruckt in »Diskussion zur Theologie der Revolution«, Verlage Chr. Kaiser und Matthias-Grünewald. 1969.)

Selig sind, die andere mit Mühe beladen. Ihrer ist das Himmelreich auf Erden.

»Wir haben kein Recht, uns in Selbstsucht zu verschließen; wir müssen uns der Gottesliebe und der Menschenliebe öffnen.
Ich achte diejenigen, die sich im Gewissen verpflichtet fühlen, sich für die Gewalt zu entscheiden – aber nicht für die bequeme Gewalt der ›Salonrevolutionäre‹, sondern die Gewalt derjenigen, die ihre Aufrichtigkeit mit dem Opfer ihres Lebens bewiesen haben. Meiner Meinung nach verdienen die Memoiren von Camillo Torres und Che Guevara ebensoviel Achtung wie die von Pastor Martin Luther King.
Ich klage die wirklichen Gewalttäter an: Alle, die – seien sie von links oder rechts – die Gerechtigkeit verletzen und den Frieden verhindern.
Meine persönliche Berufung ist es, ein Pilger des Friedens zu sein, dem Beispiel von Papst Paul VI. folgend: Persönlich ziehe ich tausendmal vor, getötet zu werden als zu töten. Diese persönliche Stellungnahme beruht auf dem Evangelium.

Wenn wir Christen Lateinamerikas unsere Verantwortung angesichts der Unterentwicklung des Kontinents übernehmen würden, dann könnten und müßten wir tiefgreifende Änderungen auf allen Gebieten des gesellschaftlichen Lebens, insbesondere in der Politik und in der Erziehung, bewirken.
Wir lassen die Knechtschaft der Indios und der Afrikaner zu; und sprechen wir jetzt wirklich deutlich und laut genug zu unseren Großgrundbesitzern, zu den Großen und Mächtigen? Oder schließen wir die Augen und helfen ihnen, ein gutes Gewissen zu haben, wenn sie unglaubliche Ungerechtigkeiten zudecken mit Almosen für den Kirchenbau

oder mit Almosen für unsere sozialen Werke? Geben wir dadurch nicht scheinbar – in der Praxis – Karl Marx recht, indem wir den Parias ein passives Christentum präsentieren, entfremdet und entfremdend, in der Tat Opium für die Massen?«

Bischof Helder Camara

(Von Parlamentariern der SPD und CDU vorgeschlagen als Friedensnobelpreisträger 1973.
Quelle: Vortrag 25. 4. 1968 in Paris.
Gedruckt in »Diskussion zur Theologie der Revolution«, Verlage Chr. Kaiser und Matthias-Grünewald. 1969.)

»Herr, mein Gott, mach mich zum Werkzeug Deines Friedens:
daß ich Liebe übe, wo man mich haßt,
daß ich verzeihe, wo man mich beleidigt,
daß ich verbinde, wo Streit ist, daß ich die Wahrheit sage, wo Irrtum herrscht,
daß ich Glaube bringe, wo der Zweifel drückt,
daß ich Freude mache, wo Kummer wohnt.
Ach Herr, laß du mich trachten:
nicht daß ich getröstet werde, sondern daß ich tröste,
nicht daß ich verstanden werde, sondern daß ich verstehe,
nicht daß ich geliebt werde, sondern daß ich andere liebe.
Denn wer da gibt, der empfängt,
wer sich selbst vergißt, der findet,
wer verzeiht, dem wird verziehen,
und wer da stirbt, der erwacht zum ewigen Leben.«

Franziskus von Assisi

Paulus – der erste Verfälscher?

Das ist das Ergebnis: Wir können aus den ältesten Schichten des Neuen Testaments kein Jesusbild mit Heiligenschein zusammensetzen. Er war ein frommer, strenggläubiger Jude, der an das baldige Ende der Welt glaubte (und schon deswegen nicht daran gedacht hat, eine Kirche zu gründen, die dann 2000 Jahre besteht); er war ein Mann, der mit dem Ernst eines Wüstenmönches das Reich Gottes herbeizwingen wollte durch unbedingte Ehrlichkeit des Glaubens; ein Mann, der wie alle Juden seiner Zeit auf den Messias – den weltlichen Erlöser für Israel, und für niemand sonst – wartete und, zu Recht oder Unrecht, selbst als ein solcher Christus gekreuzigt wurde; ein Mensch, der Glauben mit Handeln verband und schon allein dadurch Vorbild sein könnte.

Aber wie wurde daraus ein Christentum mit Erlösung am Kreuz, Himmelfahrt und Gnade für alle Menschen?

Wir haben zwei Erzählrichtungen im Neuen Testament. Die eine berichtet von einem Jesus, der verzweifelt am Kreuz stirbt (das sind die älteren Texte), die andere von einem triumphierenden Jesus am Kreuz: »Es ist vollbracht« (das sind die jüngeren Texte).
Zwischen beiden Erzählrichtungen liegt der entscheidende Umschwung, denn nur ein letztes Wort am Kreuz kann wahr sein.
Der Umschwung kommt durch den Apostel Paulus zustande. Er ist in seinen Briefen an die verschiedenen Gemeinden im Mittelmeerraum der erste Lehrer und »Theologe« des beginnenden Christentums. Die Evangelisten (zeitlich nach Paulus!) haben im wesentlichen nur beschrieben, Paulus beginnt zu erklären.
Er tut dies in einem recht günstigen Augenblick. Die Anhänger des Jesus sitzen bedrückt in Jerusalem: Der Meister ist tot, es ist alles beim alten geblieben. (Wobei ich gar nicht

abstreiten will, daß diese »Urgemeinde« in Jerusalem vielleicht zu Pfingsten in einer gewissen ekstatischen Erwartung ein visionäres Erlebnis hatte, das wir als »Himmelfahrt« beschrieben finden. Aber auch dieses »Weiterleben« in der Hoffnung bringt ja keine Änderung, sondern verschiebt alles nur in die Ferne.)

Auch Paulus hat eine Vision. Auf dem Wege nach Damaskus begegnet ihm dieser Jesus, den er verfolgt. Wir wissen nicht genau, was da passiert ist, aber Paulus wirft es um, aus dem Gegner wird ein Propagandist, wie man in der Apostelgeschichte nachlesen kann.

Nur: was propagiert er eigentlich? Paulus hat Jesus ja gar nicht gekannt, er hat ihn nie gesehen, hat ihn nie gesprochen. Alles, was er weiß, weiß er von dritter Seite, und das scheint ihn wenig beeindruckt zu haben: In seinen Briefen erwähnt er fast nichts aus dem Leben oder der Lehre des Jesus.

Was Paulus fast ausschließlich interessiert, ist nicht das Leben, sondern der Tod des Mannes aus Nazareth. Ihm gelingt es, aus dem Scheitern am Kreuz einen Sieg zu machen. Er sagt: Der Tod am Kreuz war von Gott beabsichtigt und vorausgeplant. Nur dadurch, daß Gott seinen »Sohn« opferte, konnte Gott sich mit sich selbst versöhnen und die Ursünde vergeben.

Diese Lehre des Paulus hat nun weder etwas mit Logik zu tun, noch ist sie in der Tradition jüdischen Glaubens. Längst hatten die Juden das Menschenopfer abgeschafft. Eben darum steht ja die Geschichte von Isaaks Opferung im Alten Testament: Abraham will seinen Sohn (!) opfern, aber Gott läßt das nicht zu, und Abraham opfert seinen Widder.

Fremd für das Judentum ist auch der Gedanke eines Mittlers, der zwischen Gott und den Menschen steht. Noch immer hatten die »Kinder Israels« direkt mit ihrem »himmlischen Vater« gesprochen oder er mit ihnen. Für einen Juden mußte es geradezu wie Gotteslästerung klin-

gen, daß Jahwe, der einzige Gott, nun plötzlich ein zweites göttliches Wesen neben sich hatte. Genau darum geht es die ganze Zeit im Alten Testament, daß Gott eben keine anderen Götter neben sich duldet.
Und seltsam mußte es auch einem Juden vorkommen, daß Gott mit sich selbst einen Handel machen muß, um sich mit sich selbst zu versöhnen. Gnade, die einen Mord voraussetzt, ist keine Gnade mehr.
Und fragt man natürlich mit Recht, wieso sich denn diese Lehre des Paulus durchsetzen konnte, wenn sie dem jüdischen Denken und dem Leben des Jesus selbst so widersprach. Schließlich gilt ja Paulus als ein Apostel, der mit der Urgemeinde in Rom mehrmals zusammengetroffen ist. Zumindest haben seit rund 2000 Jahren Kirchen und ihre Theologen Paulus immer akzeptiert und anerkannt. Haben sich die Theologen so geirrt?
Diese Antwort hängt davon ab, wie man Paulus einschätzt. Aber dazu muß man ein wenig aus seinem Leben wissen.
Auch Paulus war ein Jude, aber er war das, was man einen Diasporajuden nennt: Seine Eltern wohnten im Ausland, wo sie zur religiösen Minderheit gehörten, in Tarsus in Kilikien (heute gehört die Stadt zur Türkei). Tarsus war damals eine Stadt, die stark griechisch beeinflußt war: neben Athen ein wirkliches Kulturzentrum. In dieser unjüdischen Umgebung wuchs Paulus auf. Seine Eltern hatten sogar alles getan, um den Makel des Jüdischen abzulegen: Sie hatten die römische Staatsangehörigkeit erworben, unterstanden also dem römischen Recht und durften sich »römische Bürger« nennen. Man kann sich vorstellen, daß die Eltern des Paulus nicht gerade die frömmsten Juden waren, und daß der junge Paulus (damals hieß er noch Saulus) viel von der griechischen Kultur und der römischen Zivilisation mitbekam. Er kannte den griechischen Götterglauben, in dem berühmte Leute als Sterne in den Himmel versetzt wurden, wo Götter mit Menschen verkehrten und Kinder hatten: Himmelfahrt und göttliche Zeugung waren

für ihn etwas Vorstellbares. Er wußte, daß neben Zeus noch andere Götter im Olymp saßen. Ein »Sohn Gottes, sitzend zur Rechten Gottes«, war für ihn nichts Neues. Er kannte die religiösen Kulte der Griechen, bei denen eine Mittelsperson in geheimen Sitzungen den Kontakt mit dem erlösenden Gott herstellte: Der Erlöser und Mittler Jesus war ihm nicht fremd, obwohl er ihn noch nicht kannte. Er lernte das römische Recht kennen, und von ihm leitete er später den merkwürdigen Rechtshandel zwischen Gott und Mensch ab, bei dem Jesus das Opfer war.

Als junger Mann wurde dieser Saulus dann von seinen Eltern nach Jerusalem geschickt (seine Schwester wohnte dort), um ein bißchen »Heimatluft« zu atmen – so, wie Auslandsdeutsche ihre Kinder wegen der Schulbildung auf ein deutsches Internat schicken. In Jerusalem lernte Saulus eine neue Welt kennen, und mit dem Eifer eines jungen Menschen identifizierte er sich mit ihr: Er wurde plötzlich ein hundertprozentiger Jude, weil er, wie er selbst in einem seiner Briefe schreibt, »vorher ohne das Gesetz gelebt hat«. Von den Juden in Jerusalem wurde er in die Welt seiner Erzväter eingeführt. Er lernte die Härten der religiösen Regeln, des Gesetzes kennen und spürte, daß er sie nicht halten konnte (er beschreibt das später ausführlich im Römerbrief). Er hörte, daß die Juden das »Opferlamm Gottes« zur Vergebung der Sünden opfern, aber er verdrängte noch den Konflikt, der ihn beherrschte. Erst später, nach seinem Erlebnis vor Damaskus, wurde das Opferlamm bei ihm zu einem Menschenopfer, zu »Lamm Gottes«, mit dem Jahwe nicht nur die Sünden des Jahres wegnimmt wie beim »Sündenbock«, der in die Wüste gejagt wird. Er hörte vom »Knecht Gottes«, der bei Jesaja (im 53. Kapitel) leidet um Gottes willen, und Jahre später wird ihm der Messias Jesus als der »leidende Gottesknecht« erscheinen – eine Vorstellung, die das Judentum überhaupt nicht kennt; ein Messias siegt, oder er ist kein Messias gewesen.

Römischer Rechtshandel, griechisches Götterdenken und

jüdischer Glaube – das alles wird beim Apostel Paulus zu einer seltsamen Mischung.
Selbst die Begriffe, die in der Sprache der Bibel ganz eindeutig sind und ohne Wunderglanz, bekommen in der griechischen Welt des Denkens plötzlich eine ganz neue Bedeutung. Das schlagenste Beispiel ist der »Sohn Gottes«.
Vom Sohn Gottes ist in der Bibel oft genug die Rede, auch im Glaubensbekenntnis kommt der eingeborene (gemeint ist: der einzige) Sohn Gottes vor, freilich in einem ganz anderen Sinne, als wir das heute verstehen.
Jeder Theologe weiß, daß damals in der bildhaften orientalischen Denkweise jeder ein »Sohn Gottes« genannt wurde, der ein besonders frommer Mensch war, der Gottes Willen tat. So wurden zum Beispiel auch die jüdischen Könige »Söhne Gottes« genannt. Diese Bezeichnung war sogar die amtliche Krönungsformel, und im Psalm 2 (also lange vor Jesus!) steht, was der Priester an Stelle Jahwe zum König sagt: »Du bist mein Sohn, heute habe ich dich gezeugt« (daran wird deutlich, daß die Zeugung eines Sohnes Gottes nichts mit einer wunderbaren jungfräulichen Empfängnis zu tun hat: Der König saß ja bereits als Erwachsener auf dem Krönungsstuhl, als Gott ihn als seinen Sohn zeugte, das heißt ganz einfach: als seinen Vollstrecker anerkannte). Ohnehin nannten sich ja die Juden die »Kinder Gottes«, die mit ihrem »Vater« redeten. Kein Jude hätte also in diesem Sprachbild eine Realität gesehen. Erst als der »Sohn Gottes« ins Griechische übersetzt wurde, begann man diesen Begriff wörtlich zu nehmen: Schließlich war es bei den Griechen nichts Neues, daß die Götter irdische Söhne hatten.
So entstand ein ganzes Dogma aus einem Mißverständnis, wofür man allerdings Paulus nicht haftbar machen kann. Immerhin aber war er es, der die Geschichte von diesem Jesus, so wie er sie sah, aus dem Judentum hinaus ins griechisch-römische Reich hineintrug. Konsequenterweise

mußte ein richtiger »Sohn Gottes« auch eine besondere Entstehungsgeschichte haben: Die Jungfrauengeburt findet sich ein. Und wenn der Anfang von Gott geplant ist, so muß es auch das Ende sein: Kreuz und Tod sind eine von Gott längst geplante Heilstat.

So hat das ganze eine gewisse Logik, auch wenn eben vieles am Christentum nachweislich erst später aus dem griechischen Denken heraus »dazugedichtet« worden ist und mit Jesus und dem Judentum nichts zu tun hat. Das, was Paulus und das Griechentum später aus Jesus gemacht haben, ist etwa so, als wenn jemand heute behaupten wollte, Karl Marx sei sein Leben lang für den Kapitalismus eingetreten.

Ich fragte vorhin, wieso sich Paulus durchsetzen konnte, wenn er doch etwas ganz anderes lehrte, als es die Urgemeinde in Jerusalem noch aus eigener Erinnerung wußte.

Tatsache ist, daß sich Paulus nicht durchgesetzt, sondern nur auseinandergesetzt hat. Die Apostelgeschichte, geschrieben aus der Sicht des Paulus, erzählt von mehreren handfesten Krächen mit den »Säulen in Jerusalem«, und die Entscheidung, daß Paulus »unter die Heiden« gehen sollte, ist ein anderer Begriff für die Trennung, die stattgefunden hat.

Es gibt auch noch Dokumente außerhalb der Bibel, die deutlich erzählen, wie jener »falsche Apostel« von denen in Jerusalem als Irrlehrer angesehen wurde. Aber die Judenchristen wurden im Jahre 70 bei der Zerstörung Jerusalems zerstreut und gingen später unter. Übrig blieb die Mission des Paulus. Erst jetzt, nach diesem »Sieg« des Paulus, entstanden die Evangelien und die Apostelgeschichte, wie wir sie kennen – zum Teil geschrieben von Leuten, die selbst keine Juden aus Palästina waren.

Nun kann ich auch meine zweite Frage beantworten: Ob sich denn die Theologen seit 2000 Jahren geirrt haben,

wenn sie die Theologie des Paulus als richtige Interpretation des Lebens Jesus und des göttlichen Willens ansehen.
Sie haben sich geirrt, wenn man vergleicht, was aus dem ursprünglich Gemeinten durch Paulus geworden ist. Paulus ist insofern wirklich der erste Verfälscher des Christentums.
Sie haben sich nicht geirrt, wenn man systematisch denkt: So wie die vier Evangelisten vier Stimmen sind, so ist Paulus eine fünfte: Warum soll Paulus nicht das ausgesprochen haben, was unausgesprochen im Leben dieses Jesus steckte? Ohne Paulus gäbe es sicherlich kein Christentum. Es wäre mit der Urgemeinde im Jahre 70 untergegangen. Wenn also überhaupt Christentum, dann durch Paulus und mit Paulus. Auch das hat seine Konsequenz, die in sich logisch ist.
Ich meine nur, dann sollte man so ehrlich sein und zugeben, daß diese Religion den falschen Namen hat. Sie müßte sich eher nach ihrem Schöpfer Paulus nennen.

Denn

Jesus wollte, daß man wie **er glaubt.**
Paulus will, daß man an **Jesus glaubt.**

»Glaubwürdigkeit ist besser als Rechtgläubigkeit«

Landesbischof Hanns Lilje

(Quelle: epd 21. 10. 66.)

Notiz an den Religionslehrer

Sehr geehrter Herr,

ich möchte mich für das Wort »dazudichten« entschuldigen. Die Leute damals haben ja nicht absichtlich gelogen oder Märchen erzählt, sondern sie haben geglaubt, daß es so war, weil sie es sich in ihrer Welt nicht anders vorstellen konnten.

Nun leben wir ja nicht mehr in der Welt von damals. Auch wenn ich anerkenne, daß Paulus und die Evangelisten all das fest geglaubt haben (immer vorausgesetzt, wir verstehen sie nicht falsch), dann nützt mir doch heute der schönste »Glaube der Väter« nichts, wenn ich nicht vergessen kann, was ich weiß.

Wir sind da bei einem Problem, das Sie sicherlich oft beschäftigt: Wie können Sie das, was Sie als Wahrheit erkannt haben, heute so sagen, daß auch andere das akzeptieren (immer vorausgesetzt, daß Sie als Wahrheit erkannt haben, was Sie sagen)? Daß den Kirchen das weithin nicht gelingt, sehen wir an den leeren Kirchenbänken.

Ich meine, das liegt daran, daß man den Kirchen ihre fehlende Wahrhaftigkeit anmerkt. Der Unterschied zwischen dem Anspruch und Angebot ist zu groß geworden. Nur die Kirchenglocken läuten zu lassen und dann zu sagen: »Ja, wenn keiner kommt, ist das ihre eigene Schuld . . .« das ist zu einfach. Wenn heute noch wahr ist, was vor 2000 Jahren wahr war: müßten sie das nicht auch noch heute »verkaufen« können?

Vom Glauben zur Kirche

Jemand hat einmal gesagt: Jesus verkündete das Kommen des Reiches Gottes, aber was statt dessen kam, war die Kirche.

Ich meine, eine solche Entwicklung ist zwangsläufig. Jede Idee, jeder Glaube, jeder Aufbruch zu etwas Neuem endet eines Tages in einer Institution. Das muß man hinnehmen, auch bei der Religion, die für uns im »christlichen Abendland« die einzig mögliche zu sein scheint: dem Christentum.

Ich habe nun bisher beim Thema »Religion« eigentlich immer die Institution Kirche ausgelassen. (Wenn ich von der Kirche sprach, habe ich bisher Theologen und Pfarrer angesprochen.)

Für unser Gefühl gehören Glaube und Kirche zusammen, und Kirche kann nicht ohne Glauben sein. Aber das Umgekehrte ist möglich: Glaube kann durchaus ohne Kirche sein. So war es am Anfang bei Jesus. Es gab Gleichgesinnte, aber keine Institution mit Mitgliedsbeitrag, bezahlten Predigern und Vorgesetzten.

Das religiöse Gefühl, der Glaube, braucht keine Institution. In der Praxis setzt sich jedoch der Begriff »Religion« für uns aus Glaube und aus Kirche zusammen.

Und nun wird es schwierig. Im letzten Kapitel steht schon, daß meiner Meinung nach die Kirche etwas ganz anderes verkündet und verwaltet, als Jesus ursprünglich gemeint hatte. Was ist denn nun hier das Richtigere an der »Religion«: der ursprüngliche Inhalt oder die Formen des Glaubens, die später die Kirche gefunden hat? Kann es sein, daß Glaube und Kirche eine Zeitlang ganz gut zusammengehen können, um dann wieder auseinanderzufallen, weil die Institution erstarrt oder der Glaube stirbt?

Zunächst möchte ich aber der Frage nachgehen, wie denn die winzige Sekte der Jesusanhänger zu einer Weltreligion werden konnte. Das ist ja gar nicht so selbstverständlich, wie es uns heute scheint: Es gab vor 2000 Jahren genug Erlösungsreligionen. Man war nicht auf eine Religion aus einem unterdrückten und in alle Winde verstreuten Volk angewiesen. Warum sollten gerade die Römer, die Jesus getötet hatten, nun genau diesen Mann als den Weltheiland anerkennen? Trotzdem passiert das Unwahrscheinliche: Es ist der römische Kaiser Konstantin, der das Christentum zur Staatsreligion im römischen Reich macht (sogenannte Konstantinische Wende, 325 nach der Zeitenwende).

Was konnte einen römischen Kaiser (der selbst gar kein Christ war) dazu bringen, diese Sekte so aufzuwerten? Man hat errechnet, daß höchstens ein Viertel der damaligen Bevölkerung im Mittelmeerraum Christen waren – und dann meist die Armen und Unterdrückten. Was konnte Konstantin diese Arme-Leute-Religion nützen?

Die Antwort hängt wieder mit Paulus zusammen. Er hatte ja behauptet, Gott habe selbst ein Opfer gebracht, um die Erlösung der Menschen von der Urschuld, der »Erbsünde« anbieten zu können. Das klingt nach einer sehr bequemen Religion: Der Mensch muß gar nichts tun, er ist schon erlöst, er muß das nur noch glauben (daß ein christliches Leben nachher eine ganze Menge Opfer verlangt, ist eine andere Sache).

Eine solche Umkehrung, daß nicht der Mensch, sondern Gott die Versöhnung suchen muß, ist einmalig unter allen Religionen: Deine Sünde ist dir bereits vergeben, du mußt es nur noch glauben – so etwa heißt die Formel. Man kann sich vorstellen, daß ein solches Angebot sich leicht verbreitet.

Aber das erklärt noch nicht, warum eine Arme-Leute-Religion für die »Mühseligen und Beladenen« plötzlich zur Staatsreligion werden kann, zur Religion deren, die nicht mühselig und beladen sind.

Ich glaube, auch hier hat Paulus das Entscheidende getan. Er hat die Lehre des Jesus so umgestaltet, daß sie genau die Gesellschaft jener Zeit widerspiegelte.

Jesus hatte keine Angst vor Gott, für ihn gab es keine feierlich-ehrfürchtige Anrede. Ganz einfach und simpel lehrt er die Anrede: »unser Vater«. Das ist für uns nichts Neues. Wir haben uns daran gewöhnt, vom himmlischen Vater zu reden. Schließlich müssen die »Kinder Gottes« ja einen »Vater« haben. »Vater« kann man respektvoll sagen, man kann auch mit Angst vor den Vater treten. Jesus ist jedoch einen Schritt weitergegangen. Das Wort, das er benutzt hat, drückt noch viel mehr Unbefangenheit gegenüber Gott aus. Jesus sagte »Abba«, was Luther mit »lieber Vater« übersetzt. Das ist nicht ganz korrekt. Abba ist ein kindliches Lallwort und bedeutet genau das gleiche wie das deutsche Wort Papa. (Es kommt nur darauf an, ob man mit dem P oder mit dem A anfängt. Dann wird aus Abababa = Abba oder aus Papapa = Papa. Abba und Papa gehen auf die gleiche Wortwurzel zurück.) Wir müßten also, wenn wir genau das gleiche fühlen wollten wie Jesus, tatsächlich Gott mit »Pappi« anreden: »Unser Pappi, der Du bist im Himmel, geheiligt werde Dein Name.«
Eine solche Vertraulichkeit kommt uns heute geradezu gotteslästerlich vor, aber gerade sie war das Besondere bei Jesus: Er kannte keine Trennung zwischen Gott und dem Menschen. Sein kindliches Gottvertrauen ließ ihn wirklich Gott als das Liebste empfinden und auch so anreden.
Ganz anders Paulus. In seinen Briefen wird Gott mit »Herr« angeredet, und Paulus selbst nennt sich einen »Knecht«. Gerade dieses Herr-Knecht-Verhältnis jener Zeit, die Sklaven und Herren kannte, und das Jesus ausdrücklich durch seine Gottesanrede aufgehoben hatte, genau das führt Paulus wieder verstärkt ein. Die Knechte haben untertan zu sein, sie haben zu gehorchen, wenn sie Gott wohlgefällig sein wollen. Gott ist der Herr, wir Menschen die Knechte. So ist es im Glauben wie in der gesellschaftlichen Wirklichkeit.
»Wer sich nun der Obrigkeit widersetzt, der widerstrebt

Gottes Ordnung«, schreibt Paulus im 13. Kapitel an die Römer.
Man kann Kaiser Konstantin verstehen, daß er eine solche Religion für sehr staatserhaltend und bequem hält. Hier findet Konstantin eine Religion, die die gesellschaftlichen Zustände sanktioniert, indem sie sagt: Gott will, daß es genauso ist, wie es bei euch gerade zugeht. Und wenn es den Mühseligen und Beladenen auf Erden nicht gut geht, so sollen sie sich mit dem ewigen Leben trösten.
Nicht die Gesellschaft hat sich damals den Lehren des Christentums angeglichen, sondern das frühe Christentum hat für das Verhältnis von Gott und Mensch das Vorbild übernommen, das die Gesellschaft vorgab. Hier fanden Christentum und weltliche Macht zusammen, und von nun an war es leicht, das Christentum auszubreiten.
Aus einer Religion der Armen wurde allmählich eine Religion der Herrschenden. Die Untertanen hatten die Religion der Herrscher anzunehmen: Das letzte große Beispiel dafür waren die Kämpfe der Reformationszeit. Je nachdem, ob der Landesfürst damals katholisch oder lutherisch war, haben wir heute noch überwiegend katholische und protestantische Landesteile. Ich mache diese Entwicklung der Kirche gar nicht zum Vorwurf. In 2000 Jahren Geschichte passiert allerhand – was nicht richtig ist. Praxis und Theorie sind schon immer etwas Verschiedenes gewesen, und was sich da noch an Binsenweisheiten anführen läßt.
Interessant finde ich nur die Folgen. Die Kirche war solange eine unbestrittene Macht, als die Gesellschaft in Herren und Knechte gegliedert war, in Souveräne und Untertanen. In dem Augenblick aber, in dem der Gedanke der »Freiheit, Gleichheit und Brüderlichkeit« aufkam, gerieten die Kirchen in eine Krise, die bis heute nicht überwunden ist. Der religiöse Überbau stimmt nicht mehr mit der politischen Wirklichkeit überein. In einer Demokratie gibt es keine von Gott eingesetzte Obrigkeit, und »Gott der Herr« hat keine »Knechte« mehr.

Unser Weltbild hat sich gewandelt. Und weil die Kirche noch am alten Gesellschaftsbild festhält, werden nun auch die Verbindungslinien zwischen Religion und Gesellschaft deutlicher als früher. Sie zeigen sich besonders auf dem Gebiet der Moral.

Notiz an den Religionslehrer

Sehr geehrter Herr,

ich weiß, es liegt ein bißchen in der Luft, alles und jedes »gesellschaftskritisch« zu betrachten. Aber es ist doch auch eine Tatsache, daß sich die Kirchen oft und dann allzu lange an bestimmte Strukturen gebunden haben. Grob gesagt: die Kirchen haben selten genug der Versuchung widerstanden, sich mit dem Herrschenden zu verbinden. Es wäre ja auch der Fall denkbar, daß die christlichen Kirchen eine bestimmte Staatsform durchgehend boykottiert hätten, wie zum Beispiel den Hitlerstaat. Aber sie haben nicht einmal protestiert gegen die Vernichtung von sechs Millionen Juden. Auf welcher Seite standen die Kirchen? Hinterher haben sie ein Schuldbekenntnis abgelegt. Haben die Kirchen gegen den Vietnamkrieg zum Boykott aufgerufen?

Sie sehen, da liegen die Schwierigkeiten. Das geht sogar bis in die Statistik hinein. Es ist das sogenannte »Bürgertum«, das sich noch als christlich empfindet. Die Intellektuellen und die Arbeiterschaft haben die Kirchen nie gewinnen können – und die Arbeiter wären doch genau die Schicht gewesen, um die sich Jesus gekümmert hätte.

Nun gibt es ja Bemühungen, durch Jazzgottesdienste und unkonventionelle Veranstaltungen (»come on Mary, wir müssen nach Bethlehem ...) wieder »modern« zu sein. Aber solange sich im Ansatz nichts ändert, empfinde ich das als äußerliche Lockmittel. Meine Frage an Sie:

Sehen Sie Möglichkeiten, auch vom Kern her wieder ein echtes Christentum (was auch immer das heißt) zu schaffen, also ein Christentum, das nicht politisch einseitig gebunden ist, das das Verhältnis von Gott und Mensch ohne Phrasen anders darstellen kann als im Gegenüber von Herr und Knecht, ein Christentum, das seine Moralvorstellungen nicht von der Gesellschaft ausborgt und dann plötzlich als »christlich« ausgibt?

Vielleicht ist meine Frage auch unfair. Vielleicht sehen Sie die Hauptaufgabe der Kirche heute ganz woanders. Dann würde mich Interessieren, was Sie überhaupt von der Frage halten, ob die Kirchen politisch denken, argumentieren und handeln dürfen oder nicht. Sie wissen ja, die Diskussion darüber ist seit Jahren im Gange, und manche treten aus, weil sie ihnen zu unpolitisch ist.

Marxisten über Religion

Das **religiöse** Elend ist in einem der **Ausdruck** des wirklichen Elends und in einem die **Protestation** gegen das wirkliche Elend. Die Religion ist der Seufzer der bedrängten Kreatur, das Gemüt einer herzlosen Welt, wie sie der Geist geistloser Zustände ist. Sie ist das **Opium** des Volkes.

Die Aufhebung der Religion als des **illusorischen** Glücks des Volkes ist die Forderung seines **wirklichen** Glücks. Die Forderung, die Illusionen über seinen Zustand aufzugeben, ist die **Forderung, einen Zustand aufzugeben, der der Illusion bedarf.** Die Kritik der Religion ist also im **Keim** die **Kritik** des **Jammertales,** dessen **Heiligenschein** die Religion ist.

*

Der Mensch, der in der fantastischen Wirklichkeit des Himmels, wo er einen Übermenschen suchte, nur den **Widerschein** seiner selbst gefunden hat, wird nicht mehr geneigt sein, nur den **Schein** seiner selbst, nur den Unmenschen zu finden, wo er seine wahre Wirklichkeit sucht und suchen muß.

*

Der Mensch macht die Religion, die Religion macht nicht den Menschen. Und zwar ist die Religion das Selbstbewußtsein und das Selbstgefühl des Menschen, der sich selbst entweder noch nicht erworben oder schon wieder verloren hat.

Aber der **Mensch,** das ist kein abstraktes, außer der Welt hockendes Wesen. Der Mensch, das ist **die Welt des Menschen,** Staat, Sozietät. Dieser Staat, diese Sozietät produzieren die Religion, ein **verkehrtes Weltbewußtsein,** weil sie eine **verkehrte** Welt sind.

Sie ist die **fantastische Verwirklichung** des menschlichen Wesens, weil das **menschliche** Wesen keine wahre Wirklichkeit besitzt. Der Kampf gegen die Religion ist also mittelbar der Kampf gegen **jene** Welt, deren geistiges **Aroma** die Religion ist.

*

Es ist also die **Aufgabe der Geschichte,** nachdem das **Jenseits der Wahrheit** verschwunden ist, die **Wahrheit des Diesseits** zu etablieren.

Karl Marx

(Quelle: Karl Marx, Zur Kritik der Hegelschen Rechtsphilosophie, Einleitung. Fischer S—A I)

Moral als Ausrede

Viele Leute sind der Meinung, daß Religion etwas mit Moral zu tun habe. »Wir brauchen das Christentum, damit wir wissen, wie wir anständig leben können« – so etwa lautet eine Reihe von Aussagen bei Umfragen.
Das ist nicht falsch. Jede Religion besteht aus bestimmten Grundsätzen, die man glauben soll und die man befolgen soll. Das ist nur logisch. Wenn eine Religion dem Menschen hilft, sich in der Welt einzuordnen, so muß man gewisse Regeln achten, damit diese Ordnung erhalten bleibt. Auch die verschiedenen Philosophien haben am Ende eine »Nutzanwendung«, eine Ethik.
Beim Christentum sind es vor allem die Zehn Gebote, die das Verhalten gegenüber Gott und dem Mitmenschen regeln. Im Neuen Testament kommen noch die Gebote der Bergpredigt hinzu, aus denen Toleranz und Nächstenliebe sprechen.
Vergleicht man nun die verschiedenen ethischen Gebote in den einzelnen Religionen und Philosophien, so stellt man eine große Übereinstimmung fest. Auf dieser Tatsache fußt der Gedanke, daß dem Menschen das ethische Verhalten angeboren ist und nur noch von den einzelnen Religionen ausformuliert zu werden braucht, um wirklich bewußt zu werden. Die Gebote wären also dann »von Gott der Seele des Menschen eingeschrieben«, wie noch 1967 der Patriarch von Venedig schrieb, um dann mitzuteilen, daß die heutige Mode »im offenen Gegensatz zu unserer christlichen Überzeugung« stehe.
Nun aber kann selbst ein Kardinal keine Stelle in der Bibel finden, die deutlich sagt, wo die Unmoral anfängt. Als die Frauen noch lange Kleider trugen, war es unmoralisch, den Fußknöchel zu zeigen. Später galt das Knie als Ausdruck der Verworfenheit und unbedeckte Frauenarme sind noch heute in katholischen Kirchen verboten.
In Wahrheit ändert sich die Vorstellung von dem, was

christliche Überzeugung ist, mit der Zeit, und diese Überzeugungen werden nicht von den Kirchen festgelegt, sondern von der Gesellschaft.

In einer Zeit, in der man nichts von Familienplanung wußte und in der das Fortkommen eines Kindes nur im Familienverband gesichert war, galt der voreheliche Geschlechtsverkehr als unmoralisch und verstieß gegen die christliche Moral, obwohl das Neue Testament darüber nichts aussagt. Inzwischen haben sich die äußeren Umstände geändert, die meisten Menschen haben ein ganz anderes Verhältnis zu diesen Fragen gewonnen, und der Himmel ist immer noch nicht eingestürzt. Die Kirchen hinken nun mit ihrer christlichen Überzeugung hinterher und haben Mühe, sich anzupassen.

Man könnte es sogar ganz bitter formulieren: Den Kirchen ist es bisher noch immer gelungen, das als »christlich vertretbar« anzuerkennen, was sich ohnehin nicht ändern ließ. Das heißt: Die Moral hat sich von jeher der Macht oder der Mehrheit gebeugt. Sonst ließe sich nicht erklären, wie die Segnung von Kanonen mit dem christlichen Gewissen vereinbar war. Sie hat seinerzeit genauso Gründe gefunden, warum die Sklaverei mit Gottes Willen übereinstimmt, wie sie später aus christlichem Gewissen heraus den Diakonissen verbot, Fahrrad zu fahren. (Es steht nämlich in der Bibel: »Gehet hin in alle Welt.« Von fahren war da nicht die Rede.)

Es hat nun keinen Sinn, sich über solche Dinge lustig zu machen oder eine solche Scheinmoral nur den Kirchen vorzuwerfen. Gerade auf diesem Gebiet der »ewig gültigen Regeln« wird es immer verschiedene Ansichten geben, weil die Menschen verschieden sind. Wer konservativer denkt, wird immer mehr für »eherne Gesetze« sein als jemand, der die Welt verändern möchte. (Goethe: »Lieber unrecht als Unordnung.«) Und da die Kirchen eher konservativ sind, gelten sie als die »Hüter der Moral«.

Daran ist nichts falsch. Überall setzen Religionen ebenso

wie Ideologien auch bestimmte moralische Normen. Man muß sich nur darüber klar sein, daß diese Normen nicht vom Himmel gefallen sind, sondern das Denken und Empfinden einer bestimmten Zeit oder Gruppe widerspiegeln. Die Kirchen und Ideologien machen daraus lediglich Regeln, die als »göttliche« Gebote dargestellt werden. Diese Normen sind gleitende, nicht absolute Werte, die immer wieder neu durchdacht und an der Wirklichkeit gemessen werden müssen, denn jede Zeit hat ihre Ideale und Ziele, aber auch ihre neuen Probleme.

Man sollte nur nicht die Kirchen als moralische Anstalten verwechseln, obwohl die Kirchen sich immer gerade dann zu Wort melden, wenn Sitte und Anstand in Gefahr zu sein scheinen. Ich halte es für falsch, wenn die Kirchen den Anschein erwecken, »der Glaube« oder »das Christentum« verlange diese oder jene moralische oder ethische Entscheidung.

Nun sagt man immer: Ja, aber das Gewissen zeigt doch, daß der Mensch ein »moralisches Gesetz« (Kant) in sich hat. Man weiß doch, wann man ein schlechtes Gewissen hat: dann, wenn man etwas Unrechtes getan hat.

Aber auch das Gewissen ist uns nicht angeboren oder vererbt. Verschiedene Völker und Kulturen haben ganz verschiedene Gewissen. Ein Kannibale hat keine Gewissensbisse, wenn er seinen Feind auffrißt, und ein guter Moslem hat ein schlechtes Gewissen, wenn er die Blutrache gerade nicht ausübt.

Was wir für gut und böse halten und Gewissen nennen, gibt nur die Spielregeln wieder, die sich eine soziale Gruppe im Laufe ihrer Geschichte gegeben hat. Das Gewissen besteht aus den anerzogenen Grundsätzen, die uns in Fleisch und Blut übergegangen sind. Sie sind geronnene Tradition, die wir meist nicht begründen können: »Man« tut das oder »man« tut das nicht.

»Man« schneidet ja auch Kartoffeln nicht mit dem Messer: inzwischen ein ganz sinnloses Gebot, weil früher die eisernen Messerklingen anliefen, die heutigen Stahlklingen aber nicht mehr. Doch »man« sieht: Regeln und Gebote haben ein langes Leben, auch wenn ihr Sinn oft verlorengegangen ist.

»Die Moral oder Sittlichkeit ist eine der Formen des gesellschaftlichen Bewußtseins, eine historisch entstandene Regel des Betragens und Verhaltens der Menschen, ihrer Einstellung zur Gesellschaft und untereinander.

In der Klassengesellschaft hat die Moral immer einen markant ausgeprägten Klassencharakter, in ihren Grundsätzen und Sittenlehren verteidigt sie immer die materiellen Interessen dieser oder jener Klasse.« Karl Marx

Sittlichkeit ist die »empfundene Abhängigkeit des Privatwillens vom allgemeinen Willen«. Immanuel Kant

»Sitte ist die geschichtlich gewordene, noch nicht durch die politische Gewalt unter ihre Obhut genommene Ordnung des gesellschaftlichen Lebens.« Wilhelm Wundt

»Sitte ist die allgemein gewordene Gewohnheit des Handelns und des Verhaltens, die sich in einer Stammes- oder Volksgemeinschaft, einem Stand oder einer Klasse ausgebildet hat und deren Einhaltung von dem Einzelnen wie von der Gesamtheit mehr oder weniger streng gefordert wird.«

Philosophisches Wörterbuch. 1922

(Quellen: Marx, Aus »Ein Dokument antireligiöser Propaganda aus der Sowjetunion«. Bundesministerium für gesamtdeutsche Fragen. 1954.)
Die übrigen: H. Schmidt, Philosophisches Wörterbuch. Kröner Verlag. Stuttgart. 1922

Notiz an den Religionslehrer

Sehr geehrter Herr,

Sie werden mir jetzt sagen wollen, daß ich systematisch versuche, Religion als das Ergebnis soziologischer, historischer und gesellschaftlicher Faktoren darzustellen und daß ich damit am wesentlichen, nämlich dem Glauben und der Glaubenserfahrung, vorbeigehe.

Und weil ich öfter Marx zitiere, wissen Sie jetzt, wo Sie mich einzuordnen haben. Damit machen Sie es sich zu einfach. Ich versuche nur, von verschiedenen Seiten her an die Sache heranzukommen. Wilhelm Wundt, der große Völkerkundler, Feuerbach, Nietzsche, Sigmund Freud oder C. G. Jung haben längst davor das gleiche gesagt, nur eben nicht mit ideologischen Reizworten: daß große Teile dessen, was wir für Gottes Willen halten, nichts weiter sind als menschlicher Wunsch und Wille, ganz gleich, ob man das auf Einzelpersonen oder auf Klassen bezieht.

Ich wollte nur noch eins sagen: Ich bin ein bißchen unglücklich, daß ich hier auf ein paar Seiten Gedanken für eine Diskussion über ein Thema darstelle, über das man dicke Bücher schreiben müßte. In der Kürze liegt zwar die Würze, aber auch die Möglichkeit, undifferenziert zu übertreiben oder falsch verstanden zu werden. Gerade bei den Fragen von Moral und Ethik (bis hinein in die politische Verantwortung!) müßte man mehr sagen, aber ich kann nur hintippen.

Glaube als Hoffnung

Was ist denn eigentlich »echter Glaube«? Gibt es ihn überhaupt, oder läßt sich alles in menschliche Motive auflösen? Ist Religion nichts weiter als die »Projektion menschlicher Wünsche an den Himmel?« Oder ist Glaube eben nur das »Nicht-Wissen« von Dingen, die man eines Tages wissen wird?

Ich will hier nicht so tun, als wüßte ich es.

Ich bin bisher den Weg der negativen Definition gegangen und habe gesagt, was meiner Meinung nach Religion und Glaube nicht sind, weil ich meine, daß falsche Begründungen für Religion und Glauben nur zu Knechtheit und Krampf führen können.

Es ist doch ein Unterschied, ob jemand Nächstenliebe übt, weil ihn das Mitleid treibt oder nur, weil es nun mal so in der Bibel steht, oder gar aus dem Egoismus heraus (der gar nicht bewußt zu sein braucht), daß man dann besonders gut vor Gott dasteht.

Carl Gustav Jung, der Tiefenpsychologe, meint, daß echter Glaube zum Vorschein kommt, wenn der Mensch zu sich selbst findet, wenn er sich seiner falschen Vorstellungen, seiner Verkrampfungen und seiner falschen Leitbilder bewußt geworden ist; wenn er diese »falschen Götter« abgesetzt habe, gewinne der Mensch ein ganz neues Verhältnis zum Religiösen.

Dieses Religiöse ist aber kein »Glaube« im Sinne einer bestimmten Kirche. Er ist nichts Definiertes, hat kein bestimmtes »Glaubensbekenntnis«. Dieser Weg kann natürlich, wenn der Einzelne das ehrlich glauben kann, auch zu Christentum führen, aber er muß es nicht. Die Kirchen dürfen sich keine falschen Hoffnungen machen, weil sie ständig und gern »Glauben« mit »Christentum« verwechseln.

Vielleicht sollten wir überhaupt den Begriff »Glauben« weglassen: Er klingt so sehr nach Wunder und Glaubensbekenntnis. Der Mensch hat weniger einen bestimmten Glauben, als eine Bereitschaft, eine Disposition, sich mit den ewigen Fragen nach dem Woher, Warum und Wohin zu beschäftigen und eine Erklärung dafür außerhalb unserer erfaßbaren Welt zu suchen. Das gleiche scheinbar anders gesagt: wenn der Mensch zu sich selbst findet, findet er zu Gott. Die Suche nach Gott kann man das »Religiöse« nennen, das Gottfinden aber »Glauben«.

Das heißt in seiner Konsequenz: Nur wer voll und ehrlich Mensch ist, wird ohne Krampf nach Gott fragen oder nach ihm suchen können. Wem das Wort »Gott« zu persönlich ist: Nur der wird Schicksal und Schöpfung bejahen und auch das spüren, was der Alltag von allein nicht gibt.

Sigmund Freud kommt mit den gleichen Methoden einer Analyse des menschlichen Unbewußten und der menschlichen Urtriebe zu ganz anderen Ergebnissen als der Pfarrersohn Jung.

Bei Freud steht am Anfang aller Religion die Regelung der mitmenschlichen Beziehungen auf sexuellem Gebiet. Er kann nachweisen, daß die »Tabus« der primitiven Völker, die festlegen, was man darf und was nicht, ursprünglich die Beziehungen zwischen den Geschlechtern in geordneten Bahnen lenkten. (Das geschah zu einer Zeit, als aus der Familienhorde die einzelnen Familien mit festen Ehebeziehungen wurden.) Diese Tabus waren also Schutzmaßnahmen zur Vermeidung von Streitigkeiten, deren Mißachtung Strafe forderte. Um die Tabus einzuhalten, mußte man bestimmte Handlungen befolgen. Diese Handlungen wurden später »ritualisiert«, das heißt, sie hatten eine genau festgelegte Reihenfolge, die in sich wichtig war (so wie beim Zaubern und Beschwören bestimmte Handlungen und Worte wichtig sind). Freud zieht hier die Parallele zum gottesdienstlichen Handeln.

Wenn man das Ritual nicht einhielt, bekam man ein schlechtes Gewissen, weil das Tabu verletzt war und Strafe forderte. Moral entstand, aber auch der Wunsch, die Strafe abzuwenden. Opfer und Versöhnung wurden ebenfalls in

Regeln gefaßt: Das Tabu beherrschte den Menschen und bekam religiöse Züge.
Für Freud ist also die Religion die Folge einer mitmenschlichen Regulierung des sexuellen Verhaltens (wobei man darauf hinweisen kann, wie auffällig stark alle Religionen das sexuelle Verhalten der Gläubigen in den Griff zu bekommen und zu regulieren versuchen – Papst und Pille – und wie nahe es wiederum im Menschen liegt, in Bildern eines »himmlischen Bräutigams« zu denken).
Freud geht dann noch einen Schritt weiter und nimmt an, die Söhne der »Urhorde« (sie ist ein gedachtes Beispiel, das wie ein Mythos sicher auf einen wahren Kern zurückgeht) hätten eines Tages den Vater erschlagen, um selbst in den Besitz der Herrschaft und der Frauen zu kommen. Dieser »Vatermord« hätte dann seine Sühne gefordert. Aus dem schlechten Gewissen heraus hätten die Söhne den Vater in Gedanken als »himmlischen Vater« weiterleben lassen. Demnach wäre – nach Freud – Religion aus schlechtem Gewissen entstanden (am besten liest man das selbst in Freuds Schriften »Totem und Tabu« und »Der Mann Moses« nach, die sehr leicht lesbar sind).
Damit sind wir wieder bei der Frage am Anfang gelandet:

Was ist Glaube, was ist Religion?

Religionen sind der Versuch, auf diese Fragen eine Antwort zu geben. Wer seine Antwort in einer Kirche findet, soll zufrieden sein. Wer sie nicht dort findet, soll kein schlechtes Gewissen haben.

Keiner werfe auf den anderen einen Stein.

Freud und die Religion

»Die Religiosität führt sich biologisch auf die lang anhaltende Hilflosigkeit und Hilfsbedürftigkeit des kleinen Menschenkindes zurück, welches, wenn es später seine wirkliche Verlassenheit und Schwäche gegen die großen Mächte des Lebens erkannt hat, seine Lage ähnlich wie in der Kindheit empfindet und deren Trostlosigkeit durch die regressive Erneuerung der infantilen Schutzmächte zu verleugnen sucht. Der Schutz gegen neurotische Erkrankung, den die Religion ihren Gläubigen gewährt, erklärt sich leicht daraus, daß sie ihnen den Elternkomplex abnimmt, an dem das Schuldbewußtsein des einzelnen wie der ganzen Menschheit hängt, und ihn für sie erledigt, während der Ungläubige mit dieser Aufgabe allein fertig werden muß.«

Sigmund Freud

»Die Psychoanalyse hat uns den intimen Zusammenhang zwischen dem Vaterkomplex und der Gottgläubigkeit kennen gelehrt, hat uns gezeigt, daß der persönliche Gott psychologisch nichts anderes ist als ein erhöhter Vater, und führt uns täglich vor Augen, wie jugendliche Personen den religiösen Glauben verlieren, sobald die Autorität des Vaters bei ihnen zusammenbricht. Im Elternkomplex erkennen wir so die Wurzel des religiösen Bedürfnisses. Der allmächtige, gerechte Gott und die gütige Natur erscheinen uns als großartige Sublimierungen von Vater und Mutter, vielmehr als Erneuerung und Wiederherstellung der frühkindlichen Vorstellungen von beiden.« Sigmund Freud

(Quelle: Sigmund Freud, Gesammelte Werke, Band VIII, Fischer Verlag. Frankfurt.)

Notiz an den Religionslehrer

Sehr geehrter Herr,

ich denke mir, daß Sie jetzt ebenso unbefriedigt sind wie ich. Sie haben vielleicht im stillen gehofft, daß ich doch noch am Schluß die fromme Kurve kriege und die ganze Zeit nur zum Schein argumentiert habe; oder daß ich am Schluß ausfällig werde und Kirche, Pfarrer und Gläubige schlecht mache, zum Kirchenaustritt auffordere oder zum Boykott des Religionsunterrichts, damit Sie mich traurig ansehen und fragen können: Und mit Ihnen soll ich mich unterhalten? Dann haben sie meine Absichten falsch verstanden.

Nein, unzufrieden sind wir beide vielleicht darüber, daß weder Sie noch ich genau und eindeutig beschreiben können, um was es geht, wenn man über Religion und Glaube spricht. Sie werden die Glaubenszeugnisse und die 2000 Jahre Tradition erwähnen, die das Christentum nachweisen kann. Ich habe versucht, das Thema auf andere Weise einzukreisen, und ich bin unzufrieden, daß die vielen Stichworte keinen ganzen Satz ergeben — so wenig wie bei Ihnen. Das hat jetzt nichts damit zu tun, daß man die Themen nur antippen kann.

Ich glaube, die Sache liegt tiefer. Für mich jedenfalls ist Glaube und Religion kein Zusammensetzspiel aus vorgefertigten Bauteilen, wie es die Kirchen so gern verteilen und sich dann wundern, daß nur wenige damit spielen und das Ergebnis dann heißt »Religion ungenügend.«

INRI

Zur Diskussion

Religionsmündigkeit

Die Religionsmündigkeit ist die früheste Form der Mündigkeit, die es gibt. Mit 14 Jahren kann und darf sich ein Jugendlicher entscheiden, ob er einer Kirche angehören will und wenn ja, welcher.
Vor der Vollendung des 14. Lebensjahres bestimmen seine Eltern über seine Religionszugehörigkeit.
Das heißt: ein vierzehnjähriger Jugendlicher kann sich vom Religionsunterricht abmelden, ein Kind unter 14 Jahren kann nur von seinen Eltern vom Religionsunterricht abgemeldet werden. Dabei sind Termine und Regeln zu beachten.
In zunehmendem Maße machen Jugendliche von diesem legitimen Recht der Abmeldung Gebrauch. Allerdings sind die Gründe sehr unterschiedlich und haben oft nichts mit »Glauben« oder »Religion« zu tun.
Da Religion ein Notenfach ist (zumindest in einzelnen Bundesländern), wird es kein Jugendlicher, der in Religion schlecht steht, riskieren, sein Gesamtzeugnis durch eine schlechte Religionszensur zu verderben. Das ist verständlich. Manche Religionslehrer geben daher nur Einsen und Zweien. Bei ihnen ist die Abmeldungsquote deutlich geringer: Durch Religion kann man hier zu einem besseren Notendurchschnitt kommen.

Man kann fragen:

1. **Welchen Zweck haben Noten, wenn sie solche sachfremden Entscheidungen herbeiführen?**
2. **Kann und soll man mit 14 Jahren eine Entscheidung über seine Religionszugehörigkeit treffen?**

Dabei ist zu unterscheiden: Die Teilnahme am Religionsunterricht sagt nichts aus über die Zugehörigkeit zu einer Religionsgemeinschaft. Oder anders: wer sich vom Religionsunterricht abmeldet, meldet sich nicht von der Kirche ab, sondern nur von einer ihrer Veranstaltungen.

Muß Religionsunterricht in der Schule überhaupt sein?

Nach Lage der Dinge: ja. Die Gesetze der Länder sehen den Religionsunterricht als ordentliches Lehrfach mit Benotung vor, obwohl wir seit 1918 die Trennung von Staat und Kirche haben.

Man kann also fragen:

1. Warum wird die Trennung von Staat und Kirche nicht konsequent durchgeführt? Niemand wird der Kirche außerhalb der Schulzeit die Möglichkeit verwehren, Kinder in Religion zu unterweisen oder eine Arbeitsgemeinschaft in der Schule einzurichten. Niemand wird Kinder hindern, an diesem Unterricht teilzunehmen. Religion ist Privatsache, nicht Staatssache.

2. In der Schule fallen musische Fächer und Sport aus, aber Religion muß sein, und das mindestens zwei Stunden in der Woche, obwohl der Stoff dann gedehnt werden muß. Der Grund ist einfach: Die Kirchen bestehen auf einem Zweistundenfach, weil ein Einstundenfach nichts gilt. Kann man das in der heutigen Schulsituation verantworten?

3. Kann man überhaupt »Religion« als Unterricht erteilen und benoten? Was wird eigentlich zensiert? Der Glaube? Die Heuchelei? Das Wissen? (Welches Wissen?) Die Kirchen bestehen auf einem Notenfach, weil sonst Religion nicht ernst genommen wird. Ist das ein Argument?

4. Was soll im Religionsunterricht gelehrt werden? Die katholische Kirche neigt im allgemeinen mehr zur religiösen Unterweisung; manche protestantische Religionslehrer wollen mehr kulturelles Erbe vermitteln.

Beide aber lehren praktisch entweder protestantische oder katholische Religion. Ist es der Auftrag der Schule, Meinung und Glauben statt Wissen zu vermitteln?

Gegenargument:
Die Schule soll die Kinder zu »anständigen Menschen« erziehen. Sie brauchen eine »Zurüstung« fürs Leben.

Antwort darauf:
Wenn dem so wäre – warum dann nach Konfessionen getrennt? Es gibt keine katholische Bergpredigt und keine evangelische, keine katholischen Zehn Gebote und keine evangelischen Zehn Gebote.

5. Warum werden die bestehenden Gesetze nicht erneut diskutiert? In einer pluralistischen Gesellschaft sollte nicht nur eine meinungsbildende Gruppe das Recht haben, Unterricht zu geben.

Muß Religionsunterricht so sein?

Es muß nicht so sein, zumindest was die Lehrbücher und Lehrpläne angeht. (Ich weiß ja nicht, was euer Lehrer daraus macht.)

Man kann fragen:

1. **Warum müssen in den ersten Schuljahren immer die gleichen Geschichten wiedergekäut werden, in einem Schuljahr nach Lukas, im nächsten nach Matthäus und dann nach Markus und Johannes? Selbst Jesus würde doch im zweiten Schuljahr nur noch mit Papierkügelchen schießen.**

2. **Warum haben Protestanten und Katholiken keinen gemeinsamen Religionsunterricht, soweit das möglich ist? Haben beide Konfessionen nicht das gleiche Glaubensbekenntnis, den gleichen Gott? Warum kann man dann vieles nicht gemeinsam besprechen? Warum hört man nur immer über den anderen, aber nie vom anderen? Ist es wichtiger, »Katholik« oder »Protestant« zu sein als »Christ«?**

3. **Wer acht Jahre lang jede Woche zwei Stunden im Religionsunterricht war, hat mehr Stunden hinter sich als ein Theologiestudent nach einem vollen Studium. Warum kommt aber beim Religionsunterricht so wenig heraus?**

Religionsunterricht brauchte sich nicht so im Kreis zu drehen, wenn man nur den Mut hätte, wirklich Gedankenfutter statt Geschichten anzubieten.

Ist Konfirmation (Firmung) nötig?

In der Bibel steht nichts von Firmung oder Konfirmation. Diese »Festigung« (Firmung) und »Bestätigung« (Konfirmation) der Taufe ist eine erst später entstandene Sitte, die sich aus dem Neuen Testament auch nicht nachträglich begründen läßt.

Dennoch ist ihr Ursprung verständlich. Im Neuen Testament war die Taufe die Bestätigung, daß ein Mensch den Entschluß gefaßt hatte, sein Leben zu ändern. Das Untertauchen im Wasser sollte symbolisch die Reinigung von den Sünden zeigen.

Einen solchen Entschluß kann aber nur fassen, wer selbständig entscheiden kann, also ein Erwachsener. Infolgedessen ist von der Kindertaufe im Neuen Testament auch nicht die Rede (bis auf eine einzige, sehr indirekte Stelle, wo es heißt, daß eine Frau »und ihr ganzes Haus getauft ward« [Apostelgeschichte 16, 15]. Daraus schließt man, daß auch Kinder getauft worden sein könnten).

Aus dem Willensentschluß der Erwachsenentaufe wurde mit dem Wachsen der Kirche allmählich aber die Kindertaufe. Theologisch gesehen kann die Vergebung der Sünden (Erbsünde hat bereits ein Baby) auch einem Kind nicht schaden. Von der Praxis her war die Taufe eine Art »Eintritt« in die Kirche, eine Art Mitgliedsausweis.

Ganz gleich, zu welchem Zeitpunkt die Taufe auch erfolgt: Sie gilt bei Katholiken und Protestanten als Sakrament, also als heilige, verbindliche Handlung, an der Gott aktiv mitwirkt.

Später hatte man das Gefühl, daß diese Kindertaufe noch einmal bewußt vom Täufling bestätigt werden sollte. So entstand die »Firmung«. Sie ist an kein bestimmtes Alter gebunden, kann aber nur von einem Bischof vollzogen werden.

Die protestantischen Kirchen der Reformation lehnten diese Firmung, die in der römisch-katholischen Kirche

ebenfalls als Sakrament gilt, mit der Begründung ab, ein Konfirmationsversprechen sei von der Taufe her gesehen prinzipiell nicht mehr notwendig: Die Taufe besteht, sie kann weder bestätigt noch dementiert werden.
Zwar wurde noch zu Luthers Zeiten eine protestantische Firmung als eine »Konfirmation« versucht, aber sie setzte sich nicht durch. Fast 300 Jahre lang gab es in der protestantischen Kirche keine Konfirmation. Die Kinder erhielten zwar eine Art Konfirmandenunterricht und wurden im Katechismus geprüft, aber es gab keinen feierlichen Abschluß.
Erst mit der Einführung der allgemeinen Schulpflicht wurde die protestantische Konfirmation üblich, doch es dauerte bis 1832, bis die letzte deutsche Landeskirche die neue Sitte eingeführt hatte. Keine fünfzehn Jahre später kam dann zum erstenmal der Vorschlag, die Konfirmation wieder abzuschaffen oder auf freiwilliger Basis auf ein späteres Alter zu verlegen. Schon damals sprach man von der Unehrlichkeit der Konfirmation. Bis heute ist nichts geschehen.
Was bei den Protestanten einmal als »Einsegnung«, als »Fürbitte« und als »Reisesegen« durchs Leben gedacht war, wurde immer mehr zum heidnischen Mannbarkeitsritus: Mit 14 Jahren wurde man mit Sie angeredet, und die Jungen trugen lange Hosen. Die Pubertät wurde kirchlich gesegnet.
Heute stimmt das alles nicht mehr: Der Schulabschluß fällt nicht mehr mit der Konfirmation zusammen, die Pubertät beginnt früher. Und alles in allem: die feierliche Erneuerung des Taufgelübdes endet damit, daß man von da an kaum noch oder nie mehr in die Kirche geht. Warum also wird noch Konfirmation gefeiert?
Ein Grund ist der Egoismus der Kirchen: Sie kommen auf diese Weise noch einmal zwangsläufig mit allen Jugendlichen in Kontakt.
Der andere Grund: die kirchliche Konfirmation ist zur Familienfeier geworden, bei der man viele und möglichst

teure Geschenke erwartet. Wer verzichtet darauf schon freiwillig ...

Bei den Katholiken ist die Firmung vom Alter unabhängig, also keine »Jugendweihe« in irgendeinem Sinne. (Ihr muß lediglich die »Erstkommunion«, das erste Abendmahl, vorausgehen, im Gegensatz zu den Protestanten, die zum erstenmal nach der Konfirmation das Abendmahl feiern.) Das Entscheidende zwischen Katholiken und Protestanten ist aber, daß die Firmung als »Sakrament weiterführender Gnade« gilt und damit mehr ist als eine Sitte, die man auch lassen kann. Die Frage nach dem Sinn der Firmung kann dennoch gestellt werden.

Man kann also fragen:

1. Dient die Konfirmation mehr dem Jugendlichen oder der Kirche?

Meine Antwort: sie nützt keinem.

2. Ob »Reisesegen« oder Sakrament: hängt von Konfirmation oder Firmung die Zugehörigkeit zu einer Kirche ab?

Meine Antwort: grundsätzlich nicht.

Ich möchte den Pfarrer sehen, der eine christliche Hochzeit verweigert, nur weil ein getaufter Christ nicht konfirmiert ist. Die Taufe, nicht die Konfirmation ist das wesentliche.

Auf der anderen Seite muß man den Pfarrer verstehen, der dann sagt: Wer so wenig mit der Kirche im Sinne hat, daß er sich nicht mal zur Bestätigung seiner Taufe aufschwingen kann, meint es sicherlich auch mit der Hochzeit in der Kirche nicht ernst, er will da wieder nur die schöne Feier.

Gegenargument:

Darf die Kirche einen Dienst verweigern, der von einem Mitglied verlangt wird?

Meine Antwort: sie darf nicht.

Entweder besteht die Kirche nur aus den sogenannten »Gläubigen«, oder sie besteht aus Kirchensteuerzahlern. Solange sie eine Kirchensteuerzahlergemeinschaft ist, hat sie Verpflichtungen für alle Mitglieder. Es geht nicht, daß sie von allen nimmt, aber nicht allen geben will.

Kann man zum Glauben zwingen?

Toleranz, hat einmal jemand gesagt, ist der Verdacht, daß auch der andere Recht haben könnte. Da steckt einiges drin.
Toleranz ist ein Fremdwort für den Begriff »Duldung«: Ich dulde etwas, was nicht meiner eigenen Überzeugung oder Meinung entspricht.
Nun gibt es in keiner Religion eine so hohe Toleranzforderung wie im Christentum: Man soll sogar seine Feinde lieben, das heißt, sie anerkennen.
Die Wirklichkeit ist leider anders. Statistiken haben bewiesen, daß gerade sogenannte »Christen« zu den intolerantesten Mitbürgern gehören. Friedensforschungsinstitute in Schweden und Kanada haben gezeigt, daß gerade diejenigen, die für Gewaltanwendung und Härte eintreten, in großer Zahl zu den Kirchenchristen gehören.

Man kann also fragen:

1. **Gehört zur Durchsetzung einer »Wahrheit«, Gewalt und Strenge, oder lebt eine Idee nicht von ihrer Überzeugungskraft?**

(Dieses Problem ist vielschichtig. Gegen bornierte Ideologen kann man mit Logik und Überzeugungskraft nichts ausrichten. Manchmal muß man hart sein, um Querulanten zum Schweigen zu bringen.
Auf der anderen Seite: wieso setzt man eigentlich immer voraus, der andere habe Unrecht? Und: wer gibt mir das Recht, den anderen zu meiner Meinung zu zwingen?)

2. **Haben also Eltern das Recht, ihren Kindern wegen ihrer religiösen Vorstellungen Vorwürfe zu machen — und umgekehrt? Kirchlich orientierte Eltern sehen oft eine Strafe Gottes darin, wenn ihre Kinder nicht genauso denken wie sie. Aber warum soll ein 15jähriger**

nicht anders denken als ein 40jähriger? Waren denn die Eltern immer die gleichen, haben sie nichts dazugelernt?

Und umgekehrt: wenn ein Jugendlicher aus einem nichtkirchlichen Haus zu einer religiös-kirchlichen Bindung findet – wer hat da das Recht, sich darüber aufzuregen oder lustig zu machen?
Toleranz heißt, den anderen ernst zu nehmen, und zwar so, wie er ist. Auch wenn er sich ändert (und welcher Mensch ändert sich nicht im Laufe der Zeit): Jeder Mensch hat das Recht, seine Meinung und Überzeugung zu vertreten, so wie er sie empfindet. Nur dann ist er ehrlich.

Nur Diktatoren sind intolerant.
Tolerant sein aber ist schwer.

(Über die rechtliche Seite der Religionsmündigkeit findet ihr mehr in diskussion Band 3 Hoegen, Ich darf — ich kann — ich muß. Jugend und Recht.)

Was muß man alles mitmachen?

»Das ist ja ein Heuchler«, erzählt ein Pfarrer über seinen Kollegen im Nachbardorf, »ich zähle beim stillen Gebet in der Kirche immer langsam bis zehn – aber der zählt doch glatt bis fünfzehn und macht mehr Eindruck, der Heuchler.«
Das sind so Sachen. Aber was macht man eigentlich selbst? Wer von uns hat noch nicht so getan, als wenn er betete, während er die Knitter in der Jacke des Vordermannes betrachtete?
Man kann ruhig darüber sprechen. Man soll nicht heucheln, und man soll nicht stören. Wenn man ein Kirchenlied oder ein Gebet nicht auswendig kann, soll man auch nicht so tun, als wenn man mitsänge oder es aufsagte. Man muß nicht die Hände falten, wenn einem das komisch vorkommt. Jede leere Form ist unecht und unehrlich. Wer einem übelnimmt, daß man nicht die Hände faltet, hat selbst nicht andächtig gebetet, sonst hätte er es nicht bemerkt.
Es gehört zum normalen Anstand (und hat nichts mit besonderer Frömmigkeit zu tun), daß man andere nicht ärgert oder stört. Entweder man bleibt weg, oder man verhält sich entsprechend. Das heißt aber nicht, daß man alles mitmachen muß. Ein Protestant in einer katholischen Kirche zum Beispiel muß sich nicht bekreuzigen oder niederknien. Niemand wird es ihm übelnehmen, wenn er ruhig am Rande steht.

Immerhin kann man aber fragen:

1. Wozu gibt es überhaupt all die Formeln und Riten? Ob ich an die Erlösung durch Jesus Christus glaube, hängt doch nicht von äußerlichem Formelkram, von Kerzen, Gewändern und Halleluja ab?

Antwort:
Grundsätzlich kann ein Christ auf jede äußerliche Form verzichten. Er kann beten, ohne die Hände zu falten, er

kann Gott ehren, ohne in den Gottesdienst zu gehen. Kirchliche Riten und Bräuche sind tatsächlich zum großen Teil tote leere Formeln, die für sich allein nichts nützen.

Gegenargument:
Wer gläubig ist, möchte Gott in geordneter und schöner Weise ehren. Und wenn mehrere zusammenkommen, muß auch eine »Gottesdienstordnung« herrschen.

Antwort:
Das ist richtig. Aber diese Formen sind nur Hilfsmittel, nicht die Sache selbst.

2. Gibt es irgendeine Organisation, Gruppe oder Gemeinschaft, die nicht irgendwelche Formen und Riten entwickelt?

Antwort:
Die gibt es nicht. Der Mensch braucht in der Praxis etwas zum Festhalten, eine symbolische Handlung, die eine innere Handlung sichtbar ausdrücken soll.
Ich habe nur den Eindruck, daß die Kirchen völlig in ihren Riten und Gebräuchen erstarrt sind, so daß sie weithin kaum mehr merken, daß gar nichts dahinter steckt.

3. Was muß man als gläubiger Christ alles mitmachen?

Antwort:
Nur das, was man einsieht, sonst nichts. Wer aus ehrlicher Überzeugung ein Tischgebet spricht, soll im Gasthaus nicht so tun, als wenn er nur gerade den Löffel am Tischtuch abwischt: Auch das ist Heuchelei.

Bücher zum Thema

Aus der riesigen Anzahl von Büchern will ich nur einige nennen, die sich mit Christentum und Religion auseinandersetzen.

Kritische Werke:

Augstein, Rudolf: Jesus Menschensohn. Bertelsmann Verlag. 1972. DM 28,–.
Bloch, Ernst: Atheismus im Christentum. Suhrkamp Verlag. 1969. DM 16,–.
Deschner, Karlheinz: Abermals krähte der Hahn. rororo Taschenbuch 6788.
Freud, Sigmund: Totem und Tabu. Fischer Taschenbuch 6053.
Freud, Sigmund: Der Mann Moses und die monotheische Religion. Suhrkamp Verlag. DM 7,80.
Holl, Adolf: Jesus in schlechter Gesellschaft. Deutsche Verlagsanstalt. DM 20,–.
Lehmann, Johannes: Die Jesus GmbH. Econ Verlag. DM 22,–.
Lehmann, Johannes: Jesus-Report. Knaur Taschenbuch 301.
Wyneken, Gustav: Abschied vom Christentum – ein Nichtchrist befragt die Religionswissenschaft. rororo Taschenbuch 6727.

Kirchlich orientierte Werke:

Braun, Herbert: Jesus – der Mann aus Nazareth und seine Zeit. Kreuz Verlag. 1970. DM 14,80.
Caveri, Marcello: Das Leben des Jesus von Nazareth. Klett Verlag. 1970. DM 28,–.
Künneth, Walter: Glauben an Jesus. Siebenstern Taschenbuch 103. DM 6,50.
Zahrndt, Heinz: Die Sache mit Gott. dtv Taschenbuch 846.